#Wirtschaft

Differenzierende Ausgabe

1

Baden-Württemberg

bearbeitet von

Florian Benz
Dörthe Hecht
Sandra Kirsamer
Petra Reiter-Mayer

C.C. Buchner Verlag Bamberg

#Wirtschaft – Baden-Württemberg

Wirtschaft, Berufs- und Studienorientierung – differenzierende Ausgabe

Band 1

Bearbeitet von Florian Benz, Dörthe Hecht, Sandra Kirsamer und Petra Reiter-Mayer

Zu diesem Lehrwerk sind erhältlich:

- Digitales Lehrermaterial **click & teach** Einzellizenz, Bestell-Nr. 822041
- Digitales Lehrermaterial **click & teach** Box (Karte mit Freischaltcode), ISBN 978-3-661-82204-4

Weitere Materialien finden Sie unter www.ccbuchner.de.

Dieser Titel ist auch als digitale Ausgabe **click & study** unter www.ccbuchner.de erhältlich.

1. Auflage, 4. Druck 2019
Dieses Werk folgt der reformierten Rechtschreibung und Zeichensetzung. Ausnahmen bilden Texte, bei denen künstlerische, philologische oder lizenzrechtliche Gründe einer Änderung entgegenstehen.

Die Mediencodes enthalten ausschließlich optionale Unterrichtsmaterialien. An keiner Stelle im Schülerbuch dürfen Eintragungen vorgenommen werden. Auf verschiedenen Seiten dieses Buches finden sich Verweise (Links) auf Internetadressen. Haftungshinweis: Trotz sorgfältiger inhaltlicher Kontrolle wird die Haftung für die Inhalte externer Seiten ausgeschlossen.

Redaktion: Meike Rademacher
Layout, Satz und Illustrationen: Wildner + Designer GmbH, Fürth
Druck und Bindung: Firmengruppe Appl, aprinta Druck, Wemding

www.ccbuchner.de

ISBN 978-3-661-**82201**-3

Liebe Schülerinnen und Schüler,

Wirtschaft als Unterrichtsfach ist ab diesem Schuljahr neu für euch. Ihr könnt gespannt sein, mit welchen Themen ihr euch in diesem Fach beschäftigen werdet. Sie betreffen euch direkt, euren Alltag und eure Freizeit: Wie behalte ich den Überblick über mein Geld? Worauf kann ich bei meinem Konsum achten? Welche Wege führen in die Schuldenfalle? Und nicht zuletzt: Wie kann es nach der Schule für euch weitergehen ...?

Auch in der richtigen Wirtschaft geht es immer wieder um Entscheidungen. Wir stellen euch in diesem Buch daher vor ähnliche Situationen: Wie kommst du mit knappem Geld zurecht? Was musst du bei Werbung beachten? Wie würdest du handeln, wenn du über eine Geldanlage entscheiden müsstest – als Anleger und als Bankberater? Hierzu müsst ihr diskutieren, euch in Rollen hineinversetzen, selbst planen und begründet urteilen.

Langeweile ist also überhaupt nicht angesagt. Wir haben uns bemüht, dieses Buch so spannend und attraktiv wie möglich zu gestalten und hoffen, euer Interesse zu wecken. Wie genau ihr das Buch benutzen könnt, ist auf den folgenden Seiten „Zur Arbeit mit dem Buch" erklärt.

Viel Spaß wünschen
das Autorenteam und der Verlag

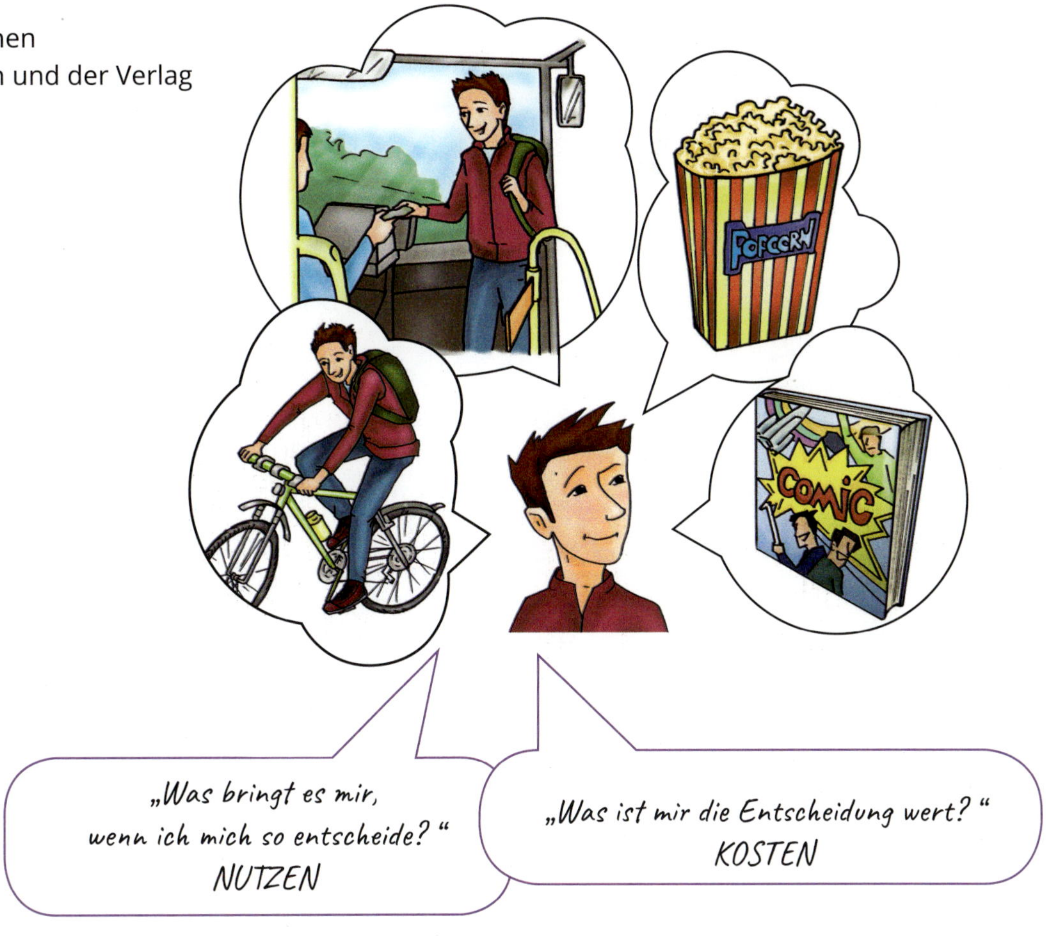

Zur Arbeit mit dem Buch

Jedes Kapitel beginnt mit einer **Auftaktdoppelseite**. Material und offene Aufgaben ermöglichen euch eine erste Annäherung an die Inhalte des neuen Kapitels. Dabei könnt ihr auch zeigen, was ihr schon über das Thema wisst. Außerdem hilft euch ein kleiner Einführungstext, einen Überblick zu bekommen. Über welches Wissen und Können ihr am Ende des Kapitels verfügt, könnt ihr ebenfalls nachlesen.

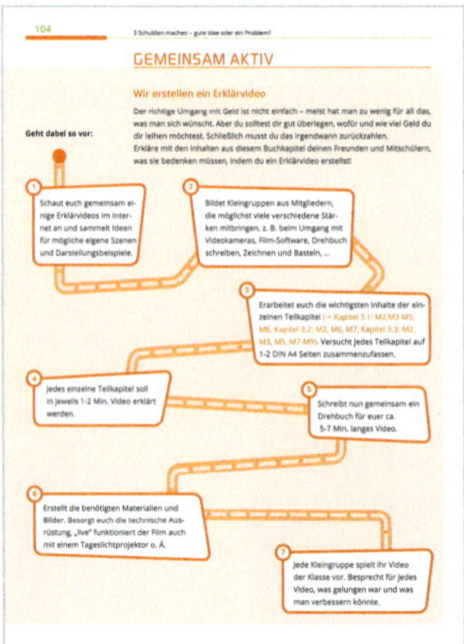

Auf der ersten Seite im Kapitel wird euch immer ein Weg vorgestellt, über den ihr weitgehend selbstständig das Kapitel bearbeiten könnt („Gemeinsam aktiv")! Dazu müsst ihr euch projektartig mit den Materialien und Inhalten des Kapitels auseinandersetzen und abschließend ein Produkt dazu erstellen.

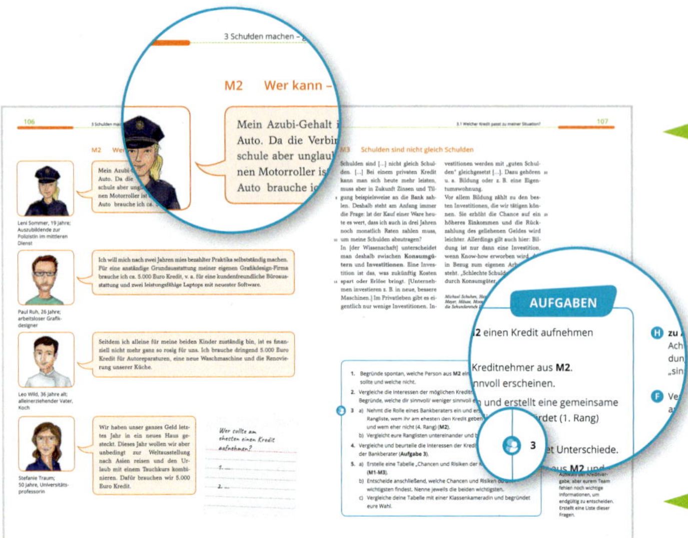

Aufgebaut sind die einzelnen Unterkapitel ganz einfach:
Die Inhalte des Kapitels könnt ihr euch in der Regel auf Doppelseiten erarbeiten. Das Thema wird in der Überschrift und wenigen Zeilen darunter erläutert.
Die **Materialien** sind immer mit „M" gekennzeichnet und durchnummeriert.
Am Ende jedes Unterkapitels ist ein **Aufgabenblock** platziert. Die Aufgaben zeigen euch, wie ihr mit den Materialien arbeiten könnt.

Natürlich lernt und arbeitet nicht jeder gleich schnell. Deswegen gibt es in der Randspalte oft **Hilfen** oder auch **Zusatzangebote** zu den einzelnen Aufgaben. Die Symbole H und F helfen euch bei der Orientierung: Wenn man z. B. auf dem „Schlauch" steht, kann man den Hinweis H lesen. Wenn man eine Aufgabe viel schneller erledigt hat als die anderen, stehen unter F zusätzliche Aufgaben und Herausforderungen bereit.
Das Symbol zeigt euch, dass ihr hier mit einem oder mehreren Mitschülern arbeiten sollt.

Die wichtigsten Begriffe eines Themas werden in blauen Kästen als **Grundbegriffe** erklärt und mit einem # gekennzeichnet: Die Kernaussage findet ihr in 1-2 Sätzen in kräftiger Schrift gleich zu Anfang. Details, Beispiele oder Fachbegriffe stehen im zweiten Teil der Kästen.
Das ebenfalls blaue **Grundwissen** schließt jedes Kapitel ab. Hier werden die wesentlichen Inhalte zusammengefasst. Ihr könnt zur Nacharbeit oder zur Vorbereitung einer mündlichen oder schriftlichen Prüfung das Wichtigste nachlesen.

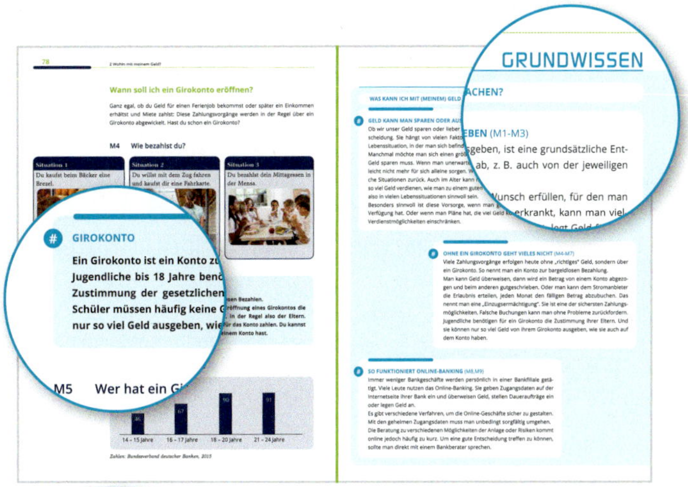

Im Wirtschaftsunterricht sollt ihr aber nicht einfach Fakten auswendig lernen und wiedergeben. Ihr sollt aktiv und kritisch an der Wirtschaft teilhaben können. Dafür müsst ihr Zusammenhänge verstehen und beurteilen lernen. Das Rüstzeug dafür sind bestimmte Fähigkeiten und Fertigkeiten – man nennt sie auch Kompetenzen. Im Buch gibt es dafür spezielle **„Kompetenzbausteine"**. Schritt für Schritt lernt ihr dort, wie man z. B. Werbeanzeigen analysiert, eine Befragung durchführt und wie ihr zu einem begründeten Urteil kommt.

Die Doppelseite **Selbsteinschätzung – Training** schließt ein Großkapitel ab. Hier könnt ihr euch selbst überprüfen und zeigen, ob ihr die erlernten Kompetenzen in einer konkreten Situation sinnvoll anwenden könnt.

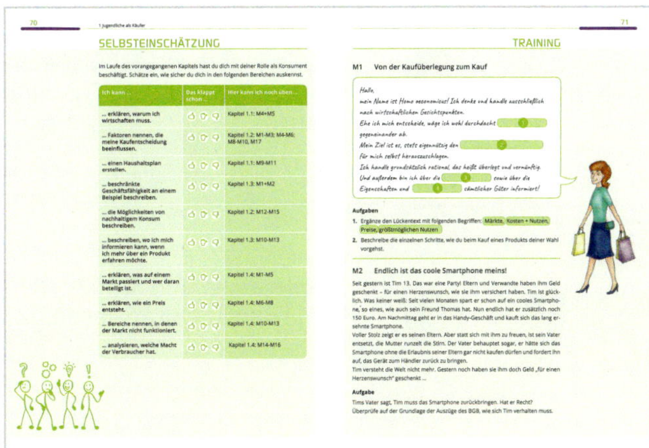

Hinweis: Im Buch stehen männliche Formen („der Schüler", „der Bürger" ...) grundsätzlich für beide Geschlechter. Materialien ohne Quellenangaben sind von den Autoren verfasst.

Über QR-Codes könnt ihr in verschiedenen Kapiteln Erklärvideos direkt ansteuern. Diese können außerdem über die Eingabe der Mediencodes im Suchfeld auf www.ccbuchner.de aufgerufen werden.

So differenzieren Sie mit #Wirtschaft

Ziele des Differenzierens	
ZIELE VON GRUNDLEGENDER BEDEUTUNG	
Förderung der Lernbereitschaft	Erfolgserlebnisse sind das Ziel: Die Schülerinnen und Schüler sollen ermutigt und gestärkt, ihre Lernlust geweckt und ihr Leistungswille aktiviert werden.
Förderung der Selbständigkeit	Nur wenn Schülerinnen und Schüler auch in der Lage sind, sich – in überschaubarem Maße – um sich selbst zu kümmern, kann Differenzierung gelingen.
Förderung der Sozialkompetenz	Gefördert werden soll die Fähigkeit, sich zu engagieren, Verantwortung zu übernehmen, zu helfen und sich helfen zu lassen, offen für andere Sichtweisen zu sein.
ZIELE VON FACHLICHER BEDEUTUNG	
Förderung der Schüler/innen	Schülerinnen und Schüler sollen so gefördert werden, dass alle das Fundamentum erreichen können.
Förderung der Schnell-Lerner	Schülerinnen und Schüler, deren Fähigkeiten über dem Fundamentum liegen, sollen zusätzlich gefordert werden.
Förderung der individuellen Lernstile	Der eigene Lernstil soll bewusst gemacht werden, die individuellen Lernwege beschritten und neue Wege ausprobiert werden. Von der Erreichung dieses Zieles hängt der Lernerfolg der Schülerinnen und Schülern ab.

Nach: Gerhard Hey, Ulf Jesper, differenziert unterrichten, Bamberg 2012, S. 12

Grundforme
Lernstandsdiagnose
zusätzliche Aufgaben
unterschiedliche Quantität der Aufgaben
unterschiedliches Niveau der Aufgaben
unter-schiedliche Themen
unterschiedliche Methoden
unterschiedliche Sprache
Unterstützung durch Mitschüler/innen
Unterstützung durch die Lehrkraft

es Differenzierens	# so differenziert das Schulbuch
m die Schülerinnen und Schüler abzuholen und ie Unterrichtseinheit differenziert planen zu kön- en, sollte diese zu Beginn eines Themas durchge- ührt werden.	Jedes Großkapitel beginnt mit einer Auftaktdoppelseite mit Material und Aufgaben, die einen offenen Zugang zum neuen Thema ermöglichen. Mit diesem Ansatz lassen sich Vorwissen und Kompetenzstand der Lernenden einschätzen und der differenzierte Unterricht planen.
usatzaufgaben können über das Fundamentum inausgehen (Additum-Aufgaben) oder dazu die- en, es zu erreichen (Unterstützungsaufgaben).	In der Randspalte werden vielfältige Aufgaben zum **Helfen** H und **Fordern** F angeboten.
icht alle Schülerinnen und Schüler müssen alle ufgaben bearbeiten.	Die Aufgabenblöcke bieten umfangreich Vorschläge zur Bearbeitung an, hier kann bei Bedarf eine Auswahl getroffen werden.
ie Aufgaben sind in verschiedenen nforderungsbereichen formuliert.	Die Aufgaben sind durch die Verwendung von **Operatoren aus den drei Anforderungsbereichen** (vgl. S. 176 ff.) grundsätzlich differenzierend angelegt. Aufgaben können zudem unterschiedlich anspruchsvoll gelöst werden – Hinweise hierzu finden sich im **click&teach Unterrichtsassistenten** zum Schülerbuch.
ie Schülerinnen und Schüler widmen sich emjenigen Lerngegenstand, der sie entweder m meisten interessiert oder den sie noch nicht eherrschen.	Insbesondere der **Gruppenlernweg** „Gemeinsam aktiv" ermöglicht es den Schülerinnen und Schülern, individuelle Schwerpunkte zu setzen.
hemen können auf unterschiedlichen Wegen earbeitet werden.	Eine große Vielfalt an problemorientiertem und schülernahem **Material** weckt Interesse und ermöglicht unterschiedliche Zugänge. Die Aufgaben zeichnen sich insgesamt durch eine große Vielfalt aus: **unterschiedliche Sozial- / Unterrichtsformen** und Bearbeitungsmöglichkeiten ermöglichen einen abwechslungsreichen Unterricht. Mit **Kompetenzbausteinen** wird strukturiert methodisches Vorgehen explizit geschult.
urch einfache Sprache zentraler Erklärungen ird sichergestellt, dass die gesamte Lerngruppe itarbeiten kann.	Bei grundlegenden Texten wurde besonders auf eine einfache Sprache geachtet, die **Grundbegriffe** werden auf zwei Niveaustufen angeboten.
ie Schülerinnen und Schüler kooperieren. Dazu ehmen sie immer wieder die Rolle von Lernhel- rn oder Experten ein.	**Vielfältige kooperative Aufgabenformate** regen Sozial- / Unterrichtsformen an, bei denen eine Unterstützung durch Mitschüler und / oder die Lehrkraft Teil der Bearbeitung ist.
ine der intensivsten und effektivsten Grundfor- en: Die Lehrkraft arbeitet mit einzelnen Schü- rinnen und Schülern (oder einer Kleingruppe) usammen.	

Inhalt

Service-Anhang

Kompetenzen im Überblick

Grundbegriffe im Überblick

Wirtschaften heißt entscheiden

Das kennst du sicher auch: Du hast unzählige Wünsche: das neue Smartphone, der Kinobesuch, die coolen Schuhe ... Die Anzahl deiner Wünsche ist unbegrenzt. Die Mittel, die du zur Erfüllung brauchst, sind nicht unbegrenzt: Entweder hast du nicht genügend Zeit oder nicht genügend Geld für all deine Wünsche. Geld und Zeit sind also knappe Mittel. Deshalb musst du ständig Entscheidungen treffen: Kaufst du dir das coole Shirt oder nicht? Triffst du dich mit deinen Freunden oder lernst du für eine Klassenarbeit? Bei jeder Entscheidung überlegst du dir, wie du deine vorhandenen knappen Mittel einsetzt. Und das nennt man Wirtschaften. Wirtschaften bedeutet also, in einer Welt der Knappheit zu entscheiden.

Bei deinen Entscheidungen nimmst du je nach Situation eine bestimmte Rolle ein:

Du als Konsument

Als Konsument musst du entscheiden, ob, was und wann du etwas kaufen oder konsumieren kannst.

Du als Geldanleger

Wenn du Geld übrig hast oder dir etwas Größeres leisten möchtest, dann sparst du dein Geld und schlüpfst in die Rolle eines Geldanlegers. Du musst entscheiden, was dir bei der Geldanlage wichtig ist.

Du als Kreditnehmer

Wenn du dir Träume erfüllen möchtest, die deinen Geldbestand stark übersteigen, dann findest du dich in der Rolle eines Kreditnehmers wieder. Du musst dir verdeutlichen, welche Folgen eine Kreditaufnahme hat.

Du als Berufswähler

Als Berufswähler stehst du vor der Entscheidung, mit deinen Fähigkeiten und Fertigkeiten den richtigen Beruf für dich zu finden.

Du als Arbeitnehmer oder Unternehmer

Hast du dann deinen Beruf für dich gefunden, findest du dich entweder wieder in der Rolle eines Arbeitnehmers und lernst seine Interessen kennen oder in der eines Unternehmers.

AUFGABEN

1. Beschreibe drei Situationen aus deinem Alltag, in denen du zu wenig Zeit oder Geld zur Verfügung hast, um deine Wünsche zu erfüllen.
2. Zeichne einen Zeitstrahl in dein Heft.
   a) Ergänze die Lebensphasen (Kindheit, Schule, Ausbildung ...) mit deinen konkreten Wünschen und Vorstellungen.
   b) Ordne die Rollen Konsument, Geldanleger, Kreditnehmer, Berufswähler, Arbeitnehmer und Arbeitgeber den entsprechenden Wünschen in den Phasen auf dem Zeitstrahl zu.

Was weißt du schon?

1. Entscheide dich: Welches Hemd kaufst du?
2. Begründe deine Kaufentscheidung.
3. Vergleiche deine Begründung mit der eines Partners.

1

#Jugendliche als Käufer

Eine Brezel beim Bäcker, ein T-Shirt im Sommer, ein neues Smartphone oder Kosmetik. „Shoppen gehen" kann gleichzeitig Erlebnis, Lust aber auch Frust sein: Vielleicht macht es dir Spaß, dich auf die Jagd nach dem besten Angebot zu machen. Du darfst aber nicht immer selbst entscheiden, was du kaufen möchtest ...
Und überhaupt: Wie sollst du dich orientieren, warum ist das coole Shirt so teuer und wer oder was hat eigentlich Einfluss darauf, was du am Ende kaufst ...?

Was lernst du in diesem Kapitel?

... welche Argumente für und gegen den Kauf eines T-Shirts sprechen.
... welche Erwartungen du an einen T-Shirt-Verkäufer hast und umgekehrt.
... die gesetzlichen Rahmenbedingungen zu überprüfen, ob du alles kaufen darfst, was du möchtest.
... ob du als Käufer beeinflussen kannst, was der Verkäufer zum Kauf anbietet.
... eine Kaufsituation als Tauschsituation zu erklären und die daran Beteiligten zu nennen.
... wie Preise entstehen.
... welche Macht Verbraucher in verschiedenen Marktformen haben.

GEMEINSAM AKTIV

Wir gestalten eine Zeitungsbeilage „Wirtschaft für Kinder"

Auch jüngere Kinder sind an „der Wirtschaft" beteiligt, zum Teil ohne dass es ihnen bewusst ist. Dabei stehen sie immer wieder vor Entscheidungen: Welches Produkt soll ich mir kaufen, das teure oder das billige? Welches Produkt kann ich mir leisten? Darf ich als Kind alles kaufen, was ich möchte? etc.
Mithilfe dieses Kapitels könnt ihr eine Zeitungsbeilage „Wirtschaft für Kinder" mit allen wichtigen Fragen und Antworten gestalten. Und vielleicht möchtet ihr euer Ergebnis sogar an eine Tageszeitung senden und um Veröffentlichung bitten?

Geht dabei so vor:

Sonderbeilage erstellen

1. Arbeitet in Kleingruppen mit bis zu 5 Schülerinnen und Schülern.

2. Entscheidet euch zunächst für die wesentlichen Aspekte, die ihr Kindern über Wirtschaft erklären wollt. Ihr habt eine Doppelseite der Zeitung zur Verfügung. Nicht vergessen solltet ihr u. a.:
   - Weshalb muss man sein Geld überhaupt einteilen?
     (→ Kapitel 1.1: M1-M3)
   - Welches sind die rechtlichen Rahmenbedingungen?
     (→ Kapitel 1.3: M1, M2 + Kompetenz, M4, M6, M7)
   - Wie lässt sich das Funktionieren des Marktes darstellen?
     (→ Kapitel 1.4: M1-M8, M10)

3. Entscheidet anschließend, ob ihr in eurer Zeitungsbeilage einen Schwerpunkt legen möchtet, z. B. auf die Frage „Shoppen ohne Grenzen?!"
   (→ Kapitel 1.2: M8-M15)

4. Gestaltet eure Sonderbeilage in einem für Grundschulkinder ansprechenden Layout. Seid kreativ!

Sonderbeilage präsentieren

5. Legt gemeinsam Kriterien fest, nach denen ihr eure Ergebnisse beurteilen möchtet.

6. Präsentiert eure Zeitungsbeilage.

7. Beurteilt eure Ergebnisse anhand der gemeinsam festgelegten Kriterien.

1.1 Kann ich alles kaufen, was ich möchte?

Unendlich viele Bedürfnisse, begrenzte Mittel ...

Was würdest du machen, wenn du im Lotto gewonnen hättest? Da würde einem viel einfallen! Wünsche können unendlich sein, aber in der Regel lassen sich nicht alle erfüllen. Deine (Geld)Mittel sind begrenzt – und schon bist du mitten drin im Wirtschaften. Oder der Wunsch lässt sich gar nicht mit Geld bezahlen ... aber was brauchst du wirklich?

M1 Was ich mir alles wünsche ...

... etwas Leckeres zu essen

... nette Freunde

... geliebt werden

... die coolen neuen Schuhe

... schlafen

... ein Motorrad

... vom Lehrer gelobt werden

...

... ein Buch schreiben

... ein Dach über dem Kopf

... ohne Angst durch alle Stadtteile spazieren können

...

...

M2 Wunsch oder Notwendigkeit?

Das wünsche ich mir …	Das brauche ich …	Das muss ich unbedingt haben …
• …	• …	• …
• …	• …	• …
• …	• …	• …

M3 Die Pyramide der Bedürfnisse

Der amerikanische Psychologe Abraham Maslow hat festgestellt, dass manche Bedürfnisse Vorrang (Priorität) vor anderen haben. Zum Beispiel brauchen wir Wasser zum Trinken dringender als ein neues Handy. Er hat das Modell einer Pyramide entwickelt und unten mit den grundlegendsten Bedürfnissen begonnen.

AUFGABEN

1. … und was wünschst du dir?
   a) Nenne deine Wünsche (**M1**).
   b) Lassen sich deine Wünsche und Bedürfnisse in eine Reihenfolge bringen? Ordne deine Wünsche entsprechend ihrer Bedeutsamkeit für dich (**M1**).
2. a) Erstelle eine Tabelle und ordne deine Wünsche ein (**M2**).
   b) Erläutere, welche deiner Wünsche sich auf Dinge beziehen, die du mit Geld erwerben kannst.
   c) Stell dir vor, du hast nur begrenzte Mittel zur Verfügung. Worauf könntest du verzichten?

F Ordne die Wünsche aus **M1** und deine Ergänzungen in das Pyramiden-Modell (**M3**) ein.

Wie kann ich das Meiste für mich rausholen?

Immer wieder musst du dich entscheiden: Kaufst du dir das coole T-Shirt, ein neues Smartphone, verabredest du dich oder lernst du für eine Klassenarbeit? Wie kannst du das Meiste für dich rausholen? Zeit und Geld sind begrenzt, daher musst du gut überlegen, was für dich wichtig ist.

M4 Fahrrad, Bus, Popcorn, Limo und und und ...

Chris hat sich zum Kino verabredet. Das liegt in der Stadt, ungefähr 10 km von seinem Wohnort entfernt. Er könnte mit dem Bus fahren. Für Hin- und Rückfahrt müsste er 7,50 Euro bezahlen, dann wäre er in ca. 20 Minuten da. Mit dem Fahrrad braucht er für eine Strecke ca. 45 Minuten. Aber so würde er das Geld für das Busticket sparen. Dafür könnte er sich im Kino noch Popcorn und eine Limo kaufen. Oder in der nächsten Woche die neue Ausgabe seines Lieblingscomics ...

VERNÜNFTIG WIRTSCHAFTEN, DAS ÖKONOMISCHE PRINZIP

In der Regel hat man zu wenig Geld, um sich all seine käuflichen Wünsche zu erfüllen. Jeder Mensch ist also dazu gezwungen, sich zu entscheiden. Wenn du wirtschaftlich, also vernünftig handelst, überlegst du dir Folgendes: Wie setze ich meine vorhandenen Mittel (Geld, Zeit ...) so ein, dass sie mir möglichst viel bringen (Nutzen)?

Du handelst dann nach dem ökonomischen Prinzip. Dafür hast du zwei Handlungsmöglichkeiten: Entweder setzt du alle deine Mittel so ein, dass du dir möglichst viele deiner Wünsche erfüllen kannst (Maximalprinzip). Oder du verwendest möglichst wenige deiner verfügbaren Mittel, mit denen du dennoch dein Ziel erreichst (Minimalprinzip).

M5 Du musst dich entscheiden ...

Situation 1	Situation 2	Situation 3
Deine Eltern haben dir erlaubt, ein Smartphone zu kaufen. Du hast 250 Euro zur Verfügung. Wie setzt du dein Geld ein? 	Du hast am Nachmittag zwei Stunden Zeit. Du musst dringend noch eine aufwändige Hausaufgabe für den nächsten Tag erledigen. Eigentlich möchtest du aber unbedingt deinen Freund/deine Freundin treffen. Was machst du? 	Du hast diesen Monat 100 Euro für Kleidung zur Verfügung. Deine Lieblingsschuhe sind gerade auf 80 Euro reduziert. Sie kosten aber immernoch doppelt so viel wie das ähnliche Paar ohne den Markennamen. Und eigentlich hat deine Mutter dir auch gerade (langweilige) Schuhe gekauft. Was machst du? 

F zu Aufgabe 2
Erkläre, für welche der beiden Handlungsmöglichkeiten des ökonomischen Prinzips du dich jeweils entschieden hast.

AUFGABEN

1. Beschreibe, wie du dich an Chris' (**M4**) Stelle verhalten würdest: Was nützt dir deine Entscheidung und wieviel setzt du dafür ein?
2. a) Wie wirtschaftest du? Entscheide für jede der Situationen (**M5**).
   b) Suche dir jemanden, der in mindestens zwei Situationen wie du entschieden hat. Stellt euch gegenseitig die Gründe eurer Entscheidung vor.

Wie behalte ich den Überblick über mein Geld?

Du möchtest dir etwas kaufen und stellst plötzlich fest, dass du in diesem Monat gar nicht mehr genügend (Taschen-)Geld hast – kennst du die Situation? Wie kannst du den Überblick über deine Einnahmen und Ausgaben behalten?

M6 Was bedeutet Geld für dich?

Teste deinen Umgang mit Geld:

1. Was wird bei Verabredungen mit Freunden meistens unternommen?

(A) Zusammensitzen und reden oder eine Runde Sport.
(B) Ins Café oder in die Eisdiele gehen und gucken, was passiert.
(C) Eine Shoppingtour durch die Stadt.

2. Ebbe im Portmonee, aber im Schaufenster hängt ein tolles T-Shirt. Was tun?

(B) In ein paar Tagen gibt es Taschengeld. Ich warte bis dahin.
(C) Am besten Geduld, vielleicht gibt's das bald günstiger.
(A) Ich leihe mir Geld von Freunden oder lasse mir von den Eltern einen Vorschuss geben.

3. Vergessen, Freund oder Freundin etwas Wichtiges zu sagen. Und jetzt?

(C) Handy raus, SMS schicken und hinterher noch schnell anrufen, ob alles klar ist.
(B) Sobald ich zu Hause bin, schreibe ich eine Mail.
(A) Wir sehen uns in ein paar Stunden. Dann bespreche ich die Sache.

4. Die meisten in der Clique haben ein neues Smartphone. Und?

(A) So was gibt es bei meinen Freunden nicht.
(C) Dann muss ich mir auch eins kaufen.
(B) Ich freu mich für die, die es haben. Vielleicht wünsche ich mir so eins zum Geburtstag.

5. Überraschung, ein Geldgeschenk. Wohin damit?

(B) Einen Wunsch erfülle ich mir, der Rest kommt auf mein Konto.
(C) Super! Ich freue mich aufs Einkaufen.
(A) Ich zahle alles auf mein Sparkonto ein!

6. Beim Einkaufen mehr Geld ausgegeben als geplant?

(C) Keine Ahnung. Ich zahle meist mit Karte, da fällt das nicht weiter auf.
(A) Das kann mir nicht passieren.
(B) Wenn ich etwas Günstiges sehe, warum nicht? So kann ich vielleicht sogar Geld sparen.

Signe Zerrahn, Budgetpass für Jugendliche, Geld und Haushalt, Beratungsdienst der Sparkassen-Finanzgruppe, Stuttgart 2009/2014, S. 6f. (gekürzt)

M7 Hast du einen Überblick über dein Taschengeld?

a

Eigentlich brauche ich immer mehr Geld, als ich von meinen Eltern bekomme. Mir fällt es schwer, den Überblick über mein Taschengeld zu behalten. Ich kann nicht sagen, wann ich worauf verzichten soll.

b

Alles was ich wirklich brauche, bezahlen meine Eltern. Das Taschengeld reicht mir gut. Ich habe immer genügend, weiß aber selten, wie viel genau ich noch habe. Wenn ich mehr möchte, frage ich einfach meine Eltern.

c

Naja, ich wollte unbedingt ein neues Smartphone. Das hätte ich mir von meinem Taschengeld nie leisten können. Also habe ich meine Eltern gefragt, ob sie mir Geld leihen können. Ich bin mir nicht sicher, ob das eine gute Idee war. Nun bekomme ich monatlich deutlich weniger Taschengeld, weil ich das Geld für das Smartphone zurückzahlen muss.

M8 Wo bleibt das Geld?

Wer ständig knapp bei Kasse ist, sollte als erstes prüfen, wohin seine Ausgaben fließen. Dabei hilft diese Übersicht. Notiere deine täglichen Ausgaben – nach ein paar Wochen kennst du deine größten Kostentreiber.

Woche 1	Mo	Di	Mi	Do	Fr	Sa	So
Essen							
Trinken							
Süßes							
Musik							
Kino, Video							
Kleidung							
Handy							
Ausgehen							
Sport							
...							

BITTE INS HEFT!

AUFGABEN

1. Notiere die Buchstaben deiner Antwort und addiere sie (**M6**). Auf der rechten Seite 19 kannst du die Auswertung nachlesen.
2. Was rätst du den Jugendlichen (**M7**)? Formuliere jeweils einen Ratschlag, damit sie den Überblick behalten.
3. Beschreibe, wie du mit deinem Taschengeld umgehst (**M8**).

Testauswertung – Was bedeutet Geld für dich?

Überwiegend C: der Spitzenkonsument	
Einfach Spaß haben, bloß nicht an morgen denken – das ist das Motto des Spitzenkonsumenten. Kaum ein Angebot, dem dieser Geldtyp widerstehen kann. Wenn das Traumobjekt der Begierde im Schaufenster lockt, gibt es kein Halten mehr. Gesehen, gefallen, gekauft. Doch wer in puncto Finanzen stets am Limit oder gar über seine Verhältnisse lebt, zahlt auf Dauer einen hohen Preis. Geliehenes Geld muss zurückgezahlt werden!	**+** [...] Wer so ausdauernd durch die Kaufhäuser schlendert, kennt viele Trends und weiß, wo man was bekommen kann. **–** Immer nur an Konsum zu denken, kann auf Dauer unbefriedigend sein. Selbst die besten Freunde sind irgendwann gelangweilt, wenn es in Gesprächen nur um das Eine geht. Außerdem: Um unabhängig zu sein, sollte man mit Geld umgehen können!
Überwiegend B: der bewusste Genießer	
Kompliment! Beim Thema Geld lässt sich der bewusste Genießer so schnell nichts vormachen. Sie oder er kennt die eigenen Wünsche meist ganz genau und verliert deshalb selten den Überblick über die eigenen Finanzen. Und es ist ein gutes Gefühl, wenn man sich über seine Vorstellungen im Klaren ist. Planvoller Umgang mit Geld eröffnet einem schließlich viele neue Möglichkeiten und Handlungsspielräume.	**+** Der bewusste Genießer weiß, was ihm Freude macht und lässt sich daher kaum zu Spontan- oder Frustkäufen hinreißen. Das macht ihn oder sie auch zu einem verlässlichen Begleiter beim Einkaufsbummel mit Freunden. **–** [...] Wer selbst gut mit seinem Geld auskommt, wird auch gerne mal angepumpt. Die Gutmütigkeit sollte von anderen nicht ausgenutzt werden.
Überwiegend A: der Geldsammler	
Sparsamkeit ist eine Tugend – übertreiben muss man es jedoch nicht. Die Grenze zum Geiz sollte man nicht überschreiten, denn schließlich ist Sparen kein Selbstzweck. Und wer sich selbst und anderen nie etwas gönnt [ist der zufrieden]? Für den Geldsammler ist es besonders wichtig, unnötige Ausgaben zu vermeiden. Für ihn heißt es: Preise vergleichen, möglichst günstig einkaufen, auf überflüssige Ausgaben verzichten.	**+** Der Geldsammler ist ein guter Ratgeber, wenn es darum geht, sich zum Thema Sparen zu informieren. Er oder sie hat jede Menge tolle Tipps, wie man aus seinem Taschengeld das Beste machen kann. **–** Wer übertrieben sparsam ist, könnte von anderen leicht für geizig gehalten werden. [Aber letztlich ist auch das nur ein Problem der anderen ...]

Budgetpass für Jugendliche, Geld und Haushalt, Beratungsdienst der Sparkassen-Finanzgruppe, Stuttgart 2009/2014, S. 8f.

Konsum
Kauf von Gütern zum privaten Gebrauch oder Verbrauch

Tipp:
Erst denken, dann kaufen!

Tipp:
Bewusster Umgang mit den eigenen Finanzen muss nicht heißen, gar kein Geld auszugeben.

Wie erstelle ich einen Haushaltsplan?

„Der Spitzenkonsument" – das klingt ja fast wie eine Auszeichnung! Aber wie war das noch mit den begrenzten Mitteln und den Bedürfnissen ...? Wenn du dich sorgen musst, den Überblick über deine Finanzen zu verlieren, ist ein Haushaltplan ein guter Ansatz.

M9 4 Personen mit unterschiedlichen Bedürfnissen

Familie Maier

Aydeniz Maier

45 Jahre, Angestellte in einem mittelständischen Unternehmen, wenig Zeit für eigene Hobbys, liebt die Natur und Spaziergänge im Wald, gesundheitlich nicht sehr stabil, leidet unter häufigen Infekten, v. a. in den Wintermonaten

Julius Maier

47 Jahre, selbstständiger Fitnesstrainer, Sport und Fitness sind seine Hobbys, träumt vom eigenen Fitnessstudio, Mitglied im örtlichen Sportverein, hat viele gleichgesinnte Freunde, reist gerne

Chris Maier

13 Jahre, 7. Klasse, gesellig, modebewusst, sehr sportlich, Mitglied im gleichen Sportverein wie sein Vater, trifft sich in seiner Freizeit am liebsten mit seinen Kumpels zum Fußball spielen, hockt aber auch gerne am Computer

Aylin Maier

11 Jahre, 5. Klasse, sehr gewissenhaft, liest viel, trifft sich gerne mit ihren Freundinnen in der Stadt zum Bummeln, interessiert sich für die Natur, ist Mitglied im Naturschutzbund

Als Frau Maier den Haushaltsplan für den Februar anschaut, merkt sie, dass die Familie ein Problem hat ...

M10 Der Haushaltsplan: Einnahmen und Ausgaben

Haushaltsplan / Monat Februar

Einnahmen		Ausgaben	
Herr Maier (Gehalt):	450 €	...	
Frau Maier (Gehalt):	2.000 €	...	
Kindergeld Chris:	192 €	...	
Kindergeld Aylin:	192 €	...	
Summe:		Summe:	3.363 €

M11 Wie viel Geld gibt Familie Maier monatlich aus?

1. Grundnahrungsmittel 470 €
2. Turnschuhe für Chris 140 €
3. Wohnung/Heizung/Wasser 950 €
4. Reparatur der Waschmaschine 123 €
5. Hygieneprodukte 30 €
6. Aylins Geburtstagsfeier 100 €
7. Rücklage für Geschenke 40 €
8. Taschengeld für Kinder 40 €
9. Geld zur freien Verfügung für die Eltern 100 €
10. Haftpflicht-versicherung 15 €
11. Grippemittel für Frau Maier 20 €
12. Autoversicherung, -steuer und Benzin 300 €
13. 2 Schülermonats-karten 80 €
14. Kabelanschluss 17 €
15. GEZ-Gebühren 18 €
16. Abonnement einer Tageszeitung 30 €
17. Schulmaterial von Aylin 20 €
18. Teilnahme von Chris am Schulausflug 20 €
19. Rücklage für den Jahresurlaub 100 €
20. Rechtsschutz-versicherung 10 €
21. Gemeinsames Pizza-Essen 50 €
22. Telefon/Internet 40 €
23. Handys für alle Familienmitglieder 15 €
24. Mitgliedschaft im Sportverein (Familie) 30 €
25. Mitgliedschaft im Naturschutzbund 5 €
26. 2 Theaterkarten 60 €
27. 2 Kinokarten 15 €
28. Eintritte (z. B. Museum/Zoo) 20 €
29. Spenden 5 €
30. Sparen 250 €

Idee: Kai Metzger, Politik betrifft uns, Ausgabe 5, 2012, Bergmoser + Höller Verlag AG, Aachen

AUFGABEN

1. Nenne mögliche Bedürfnisse der einzelnen Mitglieder der Familie Maier (**M9**).

2. Familie Maier verfügt über begrenzte Mittel (**M10**). Rechne die Einnahmen von Familie Maier zusammen, über die sie monatlich gemeinsam verfügen kann.

3. Beschreibe das Problem, vor dem Familie Maier steht (**M9**-**M11**).

4. Worauf soll Familie Maier verzichten (**M9**-**M11**)?
   a) Bildet Kleingruppen von nicht mehr als fünf Schülerinnen und Schülern.
   b) Erstellt mithilfe der Ausgaben (**M11**) einen Haushaltsplan (Einnahmen-/Ausgabenliste) für Familie Maier: Wählt dazu aus den Ausgabeposten (**M11**) diejenigen aus, die ihr in jedem Fall tätigen würdet.
   c) Erläutert, welche Ausgaben zur Not verzichtbar sind.
   d) Vergleicht die Haushaltspläne der verschiedenen Gruppen.

5. Was bedeutet der von euch jeweils vorgeschlagene Verzicht für die einzelnen Familienmitglieder? Beurteilt eure Haushaltspläne (aus Aufgabe 4).

H zu Aufgabe 4
Bezieht in eure Überlegungen M1–M3 mit ein.

H zu Aufgabe 4d)
Nennt Gemeinsamkeiten und Unterschiede. Achtet besonders auf die Posten, auf die in den einzelnen Haushaltsplänen verzichtet wurde.

Was wird vom Gehalt abgezogen?

Chris wundert sich: „Mama, du verdienst doch viel mehr Geld? Warum kommt so wenig auf deinem Konto an?" Auf der Gehaltsabrechnung kannst du nachlesen, welche Beträge vom Lohn abgezogen werden.

Lohnsteuer
Steuern sind die Einnahmen für den Staat. Mit diesen Einnahmen finanziert er die Aufgaben, die wir von ihm erwarten: Schulen, Straßenbau, Polizei, Umweltschutz ... Die Lohnsteuer wird direkt vom Einkommen abgezogen. Je mehr jemand verdient, umso mehr Steuern muss er von seinem Einkommen abgeben.

Sozialabgaben
Auch die Sozialabgaben werden direkt vom Einkommen abgezogen. Damit werden die gesetzlichen Sozialversicherungen bezahlt: Rentenversicherung, Arbeitslosenversicherung, Krankenversicherung, Pflegeversicherung. Jeder Angestellte muss diese Versicherungen abschließen, damit er abgesichert ist für Lebenssituationen, in denen er oder sie nicht mehr so einfach für sich selbst sorgen kann (im hohen Alter, bei Krankheit ...). Die Beiträge teilen sich Arbeitnehmer und Arbeitgeber.

M12 Einkommen aus Erwerbsarbeit – die Gehaltsabrechnung

Die Gehaltsabrechnung – ein Beispiel

	Monat	Jahr
Bruttoeinkommen	4.101,00 €*	
Steuern		
Lohnsteuer (Steuerklasse 3)	438,00 €	
davon: Solidaritätszuschlag (5,5 %)	24,09 €	
davon: Kirchensteuer (8 %)	35,04 €	
Summe der Steuern	497,13 €	
Sozialabgaben		
Rentenversicherung (9,35 %)	383,44 €	
Arbeitslosenversicherung (1,5 %)	61,52 €	
Krankenversicherung (8,4 %)	344,48 €	
Pflegeversicherung (1,175 %)	71,77 €	
Summe der Sozialabgaben	861,21 €	
Nettoeinkommen		

*durchschnittliches Bruttoeinkommen eines Haushalts in Deutschland im Jahr 2014

BRUTTO- UND NETTOLOHN

Der Bruttolohn ist der im Arbeitsvertrag festgelegte Betrag, den der Arbeitgeber dem Arbeitnehmer für seine Arbeitsleistung schuldet. Vom Bruttolohn werden verschiedene Beträge abgezogen (siehe Lohnsteuer und Sozialabgaben).
Der Nettolohn ist der Betrag, der nach Abzug von Steuern und Abgaben dem Arbeitnehmer für den Lebensunterhalt zur Verfügung steht.

AUFGABE

1. Stell dir vor, du bist Chris und siehst die Gehaltsabrechnung deiner Mutter.
   a) Berechne, was Netto übrig bleibt.
   b) Erkläre, warum der Nettolohn nicht genauso hoch ist wie der Bruttolohn

GRUNDWISSEN

KANN ICH ALLES KAUFEN, WAS ICH MÖCHTE?

JEDER HAT BEDÜRFNISSE UND WÜNSCHE (M1-M3)

Jeder von uns hat Wünsche und Bedürfnisse. Man kann diese ordnen nach der Bedeutung, die sie für uns haben. Zum Beispiel gibt es grundlegende Bedürfnisse, ohne die wir nicht leben könnten – so wie Essen und Schlafen. Freunde zu haben und von der Familie geliebt zu werden, sind sogenannte soziale Bedürfnisse.

MENSCHEN MÜSSEN WIRTSCHAFTEN (M4, M5)

Nicht alle Wünsche und Bedürfnisse lassen sich mit Geld erfüllen, aber einige. Die Mittel, die dafür zur Verfügung stehen, sind knapp. Die Wünsche sind dagegen häufig groß. Jeder von uns muss also überlegen, wie er seine Mittel so einsetzt, dass er sich möglichst viele seiner Wünsche erfüllen kann. Wirtschaften heißt nichts anderes, als die Erfüllung unserer Wünsche und Bedürfnisse zu organisieren.

UMGANG MIT GELD MUSS MAN LERNEN (M6-M8)

Wirtschaften heißt für uns, mit dem Geld zurechtzukommen, das uns zur Verfügung steht. Den Umgang mit Geld lernst du vor allem in der Familie: Was ist bei deinen Eltern normal, wofür geben sie Geld aus, reicht das Geld für den Monat, oder wird es meistens eng? Damit du selbstständig wirst und irgendwann mit deinem eigenen Geld zurechtkommst, verschaffst du dir am besten einen Überblick über deine Einnahmen und Ausgaben.

HAUSHALTSPLAN VERSCHAFFT ÜBERBLICK (M9-M14)

Den Haushaltsplan nennt man auch Einnahmen-Ausgaben-Rechnung. Hier werden die Einnahmen aller Familienmitglieder sowie die monatlich festen (Miete, Versicherungsbeiträge) und veränderlichen Ausgaben (z. B. Lebensmittel, Kleidung, Freizeit) gegenübergestellt.
Wenn man sich einmal genau aufgelistet hat, was man in einem Monat (oder übers ganze Jahr) für Lebensmittel, Miete, Auto, Kommunikation und Freizeit ausgibt, kann es leichter fallen, ein Gespür dafür zu bekommen, wo das Geld bleibt. Ein Haushaltsplan hilft also dabei, mit vorhandenem Geld auszukommen. Auch kann man so den Spielraum für Wünsche realistisch einschätzen. Wenn du dir sehnlichst einen Motorroller wünschst, musst du genau planen, welche (einmaligen und laufenden) Kosten auf dich zukommen, und wieviel Geld dir zur Verfügung steht ...

1.2 Wer oder was beeinflusst mein Kaufverhalten?

Welche Rolle spielen Marken beim Kauf?

Seit Wochen liegst du deinen Eltern in den Ohren: dein größter und einziger Geburtstagswunsch ist das neue iPhone! Mit dem wärst du die Nr. 1 in der Klasse. Jetzt packst du das Geschenk aus ... und dann ist das Handy von einer „Schrott-Marke“ ...!

M1 Marken – immer und überall?

M2 Wer verdient an teurer Markenkleidung?

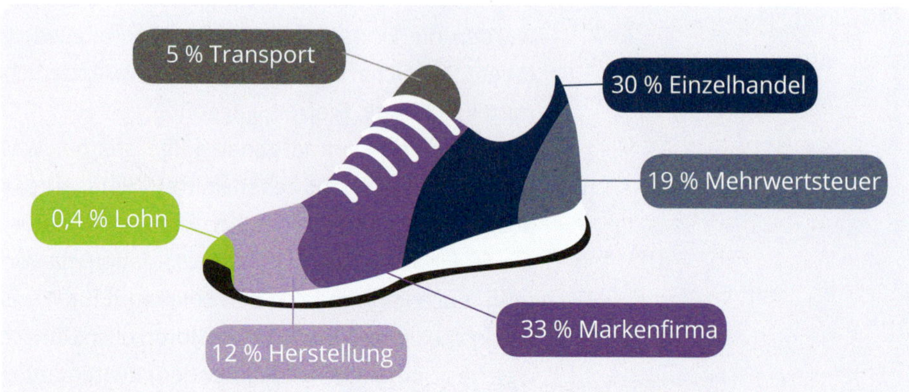

Kleider machen arme Leute, Video-Produktion der Hochschule Furtwangen (Prof. Michael Hoyer), Digital Imaging 2006

M3 Die wertvollsten Marken

Globus-Grafik 10052

AUFGABEN

1. Alles voller Marken (**M1**).
   a) Wähle zwei der Szenen aus und skizziere sie in dein Heft.
   b) Beschrifte die Gegenstände und überprüfe, wie viele sich einer Marke zuordnen lassen.
   c) Welche Marke(n) benutzt du selbst? Erkläre, warum du dich für ein Markenprodukt entschieden hast.
   d) Vergleiche deine Erklärung mit anderen aus deiner Klasse.
2. Welches sind die wichtigsten Marken innerhalb eurer Klasse?
   a) Notiere dir die Namen aller Marken, deren Produkte du kaufst.
   b) Sammelt alle Markennamen und erstellt ein Ranking. Beginnt mit der am häufigsten genannten Marke.
   c) Vergleicht euer Markenranking mit den wertvollsten Marken aus **M3**.
3. Erläutere, wer an teuren Markenprodukten besonders viel verdient (**M2**).
4. Überlegt gemeinsam, was der Wert einer Marke für eine Firma bedeutet (**M3**).

Wie beeinflusst Werbung mein Kaufverhalten?

Lia und Miguel schauen sich im Fernsehen einen spannenden Spielfilm an. Der Filmheld gerät in einen Hinterhalt und dann ... plötzlich Werbung! „Immer diese doofe Werbung für irgendwelche Marken! Komm, schalt um!" schimpft Lia. „Die Werbung ist doch interessant! Und um die ganzen Marken kommst du sowieso nicht herum ..."

M4 Ein Auto – genau für dich!

M5 Action! Was macht erfolgreiche Werbung aus?

Werbung versucht, durch besondere Methoden Botschaften zu vermitteln, die uns stärker als andere Informationen erreichen und eine gewünschte Wirkung zeigen. Ein Beispiel für ein solches Werbekonzept ist das sogenannte AIDA-Modell. Das Stufenmodell enthält vier Phasen, die ein Konsument durchläuft. Ziel des Modells ist, dass sich der Konsument für ein Produkt entscheidet.

A

***Attention* = Aufmerksamkeit erringen**
Der Konsument sieht eine Werbeanzeige. Das Bild und der Text erregen seine Aufmerksamkeit. Gefühle werden angesprochen (z. B. man muss lachen).

I

***Interest* = Interesse erregen**
Der Konsument verweilt bei der Anzeige und beschäftigt sich damit. Sein Interesse wird geweckt und er bekommt Informationen geliefert.

D

***Desire* = Wünsche und Bedürfnisse hervorrufen**
Der Konsument verspürt nun den Wunsch, das Produkt zu kaufen, da eine Aufforderung dazu besteht.

A

***Action* = Handlung**
Der Konsument entschließt sich, das Produkt zu kaufen!

M6 Die Sprache der Werbung

Sprache der Werbung

ist einprägsam, witzig	macht persönlich betroffen	ist schnell auffassbar
durch:	durch:	durch:
Reime	Ausrufe	Einfachheit
Slogans	Befehle	Verkürzung
Wortspiele	Aufforderungen	Auslassungen
Wortneubildungen	Behauptungen	Verständlichkeit
	persönliche Anreden	Eingängigkeit
	Fragestellungen	

bleibt im Gedächtnis, steuert unbewusst

Nach: Gisela Stanglmeier, medieninfo bayern, Juni 2011

M7 In der Werbeagentur

H zu Aufgabe 1
Zur genaueren Analyse der Werbung kannst du dir folgende Fragen stellen:
- Wie wird das Produkt präsentiert (Personen, Text, Farben, Aufmachung, Gestaltung)?
- Welche Zielgruppe soll das Bild ansprechen?
- Welche Bedürfnisse und Gefühle werden angesprochen?

H zu Aufgabe 3
Achtet dabei besonders auf Name, Aussehen (Verpackung, Etikett), Werbeslogan, Werbeplakat.

AUFGABEN

1. Beschreibe die Werbung für das Auto (**M4**).
2. Wie funktioniert Werbung (**M5, M6**)?
   a) Wann und wie oft begegnet euch Werbung? Achtet auf eurem Weg von zuhause bis zur Schule, wo und welche Art von Werbung euch begegnet.
   b) Fotografiere eine Werbeanzeige, die dich besonders anspricht.
   c) Beschreibe den Ablauf des AIDA-Prozesses bei deiner Werbung.
3. Ein Auftraggeber bittet euch für ein neues Produkt zu werben (**M5**-**M7**). Entscheidet euch für eines der Produkte und gestaltet in Gruppen eine Werbung.

Möglichst Viel für wenig Geld – wo ist der Haken?

T-Shirts für 3 Euro, Hosen für 14 Euro ... eine riesige Auswahl im Kleiderschrank, jeden Tag neue hippe Klamotten! Kann das gut gehen?

M8 Voll gut?

Kundinnen freuen sich über die Eröffnung der Modekette Primark in Boston, USA (September 2015).

Eine Näherin in Dhaka, Bangladesch (April 2014). Sie hatte den Einsturz eines Fabrikgebäudes überlebt (vgl. M9).

M9 Billig-Textilfabrik eingestürzt – Tausende Opfer

Mindestens 1127 Tote und 2438 Verletzte hat der Einsturz eines achtstöckigen Hauses in Bangladeschs Hauptstadt Dhaka am 24. April 2013 gefordert. [Bild oben] [...] Die meisten Verschütteten konnten nur noch tot geborgen werden. Tausende Menschen lagen unter den Trümmern. [...] Ursprünglich sollte das Haus nur vier Stockwerke haben, aber die Textilfabrikanten rissen sich geradezu um den billigen Mietraum, also wurden noch einmal vier Stockwerke angebaut – mit [nicht ausreichend] tragenden Wänden. Immer wieder kommt es in dem Land, dessen Textilindustrie boomt und sein wichtigster Wirtschaftszweig ist, wegen Missachtung von Sicherheitsvorschriften zu Katastrophen. [...]

Uns trifft dabei eine Mitschuld. Europäische und US-amerikanische Kunden sind es gewohnt, ihre Kleidung zu Discountpreisen zu kaufen. Firmen wie Primark, H&M, C&A oder kik unterbieten sich gegenseitig bei dem Versuch, immer billiger zu werden. Sie geben diesen Druck an die Produzenten weiter. In den Trümmern fanden sich noch die Überreste der Billigkollektionen. Diese Hose [Bild unten] war offensichtlich für den britischen Markt bestimmt und sollte nur 14 Pfund kosten. [...] Die Frauen, die diese Kleidung herstellen, könnten sie sich selbst nie leisten. Im Durchschnitt verdient eine Arbeiterin in Bangladesch etwa 24 Dollar im Monat.

Julian Vetten, www.n-tv.de, 26.4.2013

M10 Die Arbeitsbedingungen der Näherinnen

Näherin Botum

Mit 14 Jahren begann die heute 24-jährige Botum, Geld zu verdienen, um ihre Familie zu unterstützen. Das sind nun 10 Jahre, in denen sie 6 Tage die Woche in der Fabrik näht. Jeden Morgen fährt sie 1,5 Stunden in einem Laster nach Phnom Penh und weitere 1,5 Stunden nach dem langen und beschwerlichen Tag zurück. Sie ist immer müde und fühlt sich schlapp, aber sie muss dennoch an ihren freien Tagen ihrer Familie auf dem Feld helfen. Sie hofft, dass die Textilunternehmen den Mindestlohn erhöhen, so dass sie nicht länger gezwungen ist, Überstunden zu machen, um genug Geld für sich und ihre Familie zu verdienen. Wenn sie die Wahl hätte, wäre sie lieber Verkäuferin statt Näherin.

Näherin Chantrea

Chantrea, 28 Jahre alt, spürt die verheerenden gesundheitlichen Folgen ihrer 10-jährigen Arbeit als Näherin. Die schlechte Qualität der Lebensmittel, die sie sich von dem wenigen Geld, das sie verdient, leisten kann, verursacht regelmäßig Magenschmerzen und Verdauungsprobleme. Es ist oft schwer, die Schmerzen auszuhalten, aber sie hat kein Geld übrig, um sich von einem Arzt untersuchen zu lassen. Sie sorgt sich um die anderen jungen Mädchen, die im Alter von 14 Jahren oder sogar früher anfangen in der Textilindustrie zu arbeiten. Ihre freien Tage verbringt sie in ihrem kleinen Raum, den sie sich mit 6 anderen Näherinnen teilt.

Kirsten Clodius, Christliche Initiative Romero, Arbeitshilfe „Eingefädelt", Das Rollen-Reihen-Spiel, Dezember 2015

AUFGABEN

1. a) Was könnten die Personen nach dem Shoppen denken? Ergänze die leeren Gedankenblasen (**M8**).
   b) Was könnte die Näherin der Kleidung denken (**M8**-**M10**)?
2. Beschreibe mögliche Nachteile einer billigen Textilproduktion (**M9, M10**).
3. Erkläre, wie die Produktionsbedingungen mit unserem Konsumverhalten zusammenhängen (**M9**).
4. „Ich dachte wirtschaftlich handeln heißt, das Meiste für mich rausholen." Formuliere eine Antwort auf diese Haltung.

F zu Aufgabe 3
Erläutere, inwiefern billig zu billig sein kann.

Worauf kann ich bei meinem Konsum achten?

Hand auf's Herz: Nach welchen Kriterien entscheidest du, welchen Wunsch du dir erfüllst und welchen nicht? Muss es immer alles sein? Orientierst du dich möglicherweise auch daran, wie ein Produkt hergestellt wird?

M11 Was kommt in deine Einkaufstasche?

M12 Label für Konsum mit Verantwortung

Label, Siegel und Gütezeichen kleben auf Produkten. Sie zeichnen auch Dienstleistungen oder Internetangebote aus. Sie sollen anzeigen, welche besonderen Eigenschaften das Produkt erfüllt. Damit sollen sie eine Hilfe bei der Kaufentscheidungen sein. Gleichzeitig sind sie auch Werbung für die Produkte.
Es gibt sehr viele verschiedene Label. Daher muss man sich gut informieren, welches Zeichen was bedeutet und welche Qualität dahinter steckt.

M13 Fairphone – das andere Telefon

Klassische Handys werden oft in China unter unmenschlichen Arbeitsbedingungen zusammengesetzt. Sie bestehen aus Rohstoffen, die in Afrika durch Kinderarbeit gefördert werden und Kriegsherren große Gewinne einbringen. Die Hersteller des Fairphone wollten eine Alternative anbieten.

Mitarbeiter von Fairphone lassen sich Zinn-Minen im Kongo zeigen.

Bergbau

Es ist uns ein großes Anliegen, in unserer Lieferkette Grundstoffe zu verwenden, die der lokalen Wirtschaft und nicht den bewaffneten Gruppen zugutekommen. Deshalb arbeiten wir mit konfliktfreien Mineralien aus der Demokratischen Republik Kongo [...].

Design

Mit dem Design beabsichtigen wir, dir als Nutzer einen neuen Blickwinkel auf dein Smartphone zu eröffnen. Langlebigkeit und Reparierbarkeit stehen hierbei an erster Stelle. Die Nutzungsdauer deines Smartphones wird verlängert [...]. [Viele Teile kann man einzeln nachbestellen und austauschen.]

Produktion

Jeder Fabrikarbeiter hat ein Recht auf ein sicheres Arbeitsumfeld, einen fairen Lohn und eine Arbeitnehmervertretung.
Weil das in unseren Augen eine Grundvoraussetzung ist, arbeiten wir mit Herstellern zusammen, denen das Wohl ihrer Mitarbeiter ebenso am Herzen liegt wie uns.

www.fairphone.com/de, 15.9.2016

Das Fairphone 2 auf einen Blick

5 Zoll Full HD-Display mit Gorilla®-Glas 3

Android™ 5.1 (Lollipop)

32 GB interner Speicher

Erweiterbarer Speicher über MicroSD-Slot

Doppel-SIM 4G LTE/3G/2G

Qualcomm® Snapdragon™ 801-Plattform, 2 GB RAM

500,- €

NACHHALTIGKEIT

Nachhaltig zu konsumieren bedeutet, bei seiner Lebensweise auch auf die Umwelt und das soziale Miteinander zu achten. Zum Beispiel geht es darum, Produkte zu kaufen, die möglichst wenige Rohstoffe verbrauchen und die umweltschonend hergestellt werden. Die Verteilung der Güter soll weltweit möglichst gerecht erfolgen.

Nachhaltiger Konsum bedeutet Ressourcen zu schonen und Rücksicht auf die Generationen der Zukunft zu nehmen. Vom Wohlstand sollen möglichst alle profitieren, also auch die Hersteller der Konsumgüter.

Ressourcen
„natürliche" Ressourcen sind z. B. Rohstoffe oder Energiequellen (wie Kohle oder Erdöl), nicht-materielle Ressourcen sind z. B. besondere Fähigkeiten oder Qualifikationenen

Erklärfilm zu Nachhaltigkeit

Mediencode: 82201-01

M14 Nachhaltigkeit und nachhaltiger Konsum

M15 Jetzt bist du dran

a) Nachfragen und Aufmerksamkeit erzeugen

Ich möchte die ganze Rechnung sehen!

Sehr geehrte Damen und Herren,

ich freue mich über mein neu erworbenes Kleidungsstück, möchte aber von Ihnen wissen:

- Wie viel von dem Preis, den ich für das Kleidungsstück bezahlt habe, bekommen die NäherInnen, die es hergestellt haben?
- Wie hoch sind die Monatslöhne der NäherInnen?
- Ermöglichen die Löhne ein Leben in Würde?

Mir ist wichtig, dass die NäherInnen, die meine Kleidung herstellen, einen existenzsichernden Lohn erhalten.
Als Ihre Kundin/Ihr Kunde fordere ich Sie daher auf, dies sicherzustellen.

Mit freundlichen Grüßen,

Unterschrift

▸ Bitte schicken Sie mir Ihre Antwort an folgende Adresse:

Name, Vorname:

Adresse:

E-Mail

Mit dieser Karte kannst du ein wichtiges Zeichen für die Näherinnen setzen. Schicke sie direkt nach deinem Einkauf los.

Kirsten Clodius, Christliche Initiative Romero, Arbeitshilfe „Eingefädelt", Aktionskarte, Dezember 2015

b) Kreativ werden

Diese Plakate wurden vom Aktionskünstler DIES IRAE gestaltet und u. a. zur Eröffnung des Primarks Braunschweig aufgehängt. Es war sein Zeichen des Protests gegen die ausbeuterischen Verhältnisse in den Produktionsländern der Textilindustrie.

AUFGABEN

1. Fülle deine Einkaufstasche und vergleiche sie mit der eines Partners (**M11**).
2. Hast du schon mal vom Fairphone gehört?
   a) Wenn ja, beschreibe in welcher Situation (**M13**).
   b) Was hältst du von der Idee eines verantwortungsbewusst produzierten Smartphones? Begründe.
   c) Das Fairphone 2 ist mit rund 500 Euro nicht gerade günstig. Begründe, unter welchen Umständen du es kaufen würdest.
3. Erläutere, in welcher Situation du bereit bist, mehr für ein Produkt auszugeben und dafür auf etwas Anderes zu verzichten?
4. Entscheide dich für ein Label (**M12**) und nenne Merkmale, die ein Produkt mit „deinem" Label erfüllen muss.
5. Welchen Einkauf kannst du persönlich und ganz konkret im kommenden Monat „nachhaltig" gestalten? Tausche dich anschließend mit einem Partner aus (**M12, M14, #Nachhaltigkeit**).
6. Was kannst du tun?
   a) Erkläre einem Grundschulkind, warum unser Konsumverhalten darüber entscheidet, in welcher Welt wir leben (werden).
   b) Gestaltet einen Spot, eine Anzeige o. Ä. für bewusstes Konsumverhalten (**M8-M15**).

Welche Rolle spielt der Preis?

Ein Produkt liegt neben der Kasse und ist im Preis reduziert, 30 % günstiger! Du greifst natürlich zu … In einer anderen Situation schaust du das Preisschild noch nicht einmal an – das Teil kaufst du auf jeden Fall! Welche Rolle spielt also der Preis für unsere Kaufentscheidung?

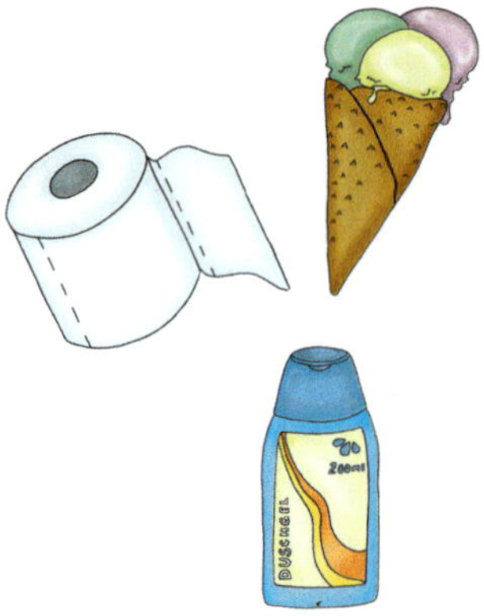

M16 Was ist wichtig … ?

Luca ist mit seinem Vater in der Stadt, die beiden kaufen sich ein Eis. „Das geht doch nicht mit rechten Dingen zu: Jedes Jahr kostet die Kugel Eis 0,10 € mehr!", ärgert sich sein Vater. Luca ist froh, dass er sich trotzdem wie jedes Mal seine zwei Kugeln aussuchen darf. Sein Vater beschließt derweil für sich „Ich sollte wirklich mehr auf die Ausgaben achten. In der Drogerie kaufe ich ab morgen nicht mehr die Marken-Produkte, die anderen sind wahrscheinlich ja genauso gut."

M17 Wirkt sich ein Preisanstieg (immer) auf meinen Konsum aus?

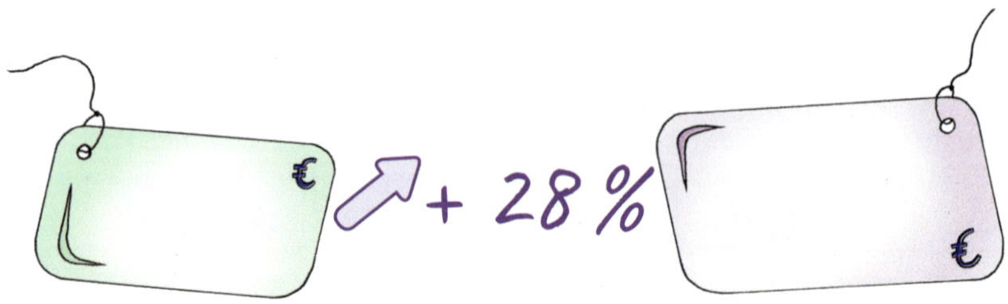

Mögliche Auswirkungen auf den Konsum

- Ich kaufe das Gut weiterhin wie bisher.
- Das Gut kaufe ich nicht (mehr).
- Ich kaufe weniger von dem Gut.
- Ich suche ein günstigeres Gut dieser Art.
- …

	Güter	Auswirkungen auf den Konsum	Begründung
1.	Heizöl während der kommenden Wintermonate		
2.	Eintrittspreis ins Kino		
3.	Tiefkühlpizza eines einzelnen Anbieters		
4.	Zahnpasta		
5.	Brot		
6.	iPhone X		
7.	Eisbecher		

BITTE INS HEFT!

Matthias Förtsch, Erik Müller, POLITIK betrifft uns, Ausgabe 6/2015, S.12, Bergmoser + Höller Verlag AG, Aachen.

M18 Wie viel würdest du für einen Eisbecher zahlen?

Es ist ein herrlicher Sommer und sehr heiß. Du bist am Bodensee und schlenderst über die Uferpromenade. Überall sind die Cafés geöffnet und du hast große Lust, einen Eisbecher zu genießen.

Situation 1	Situation 2	Situation 3
Das Schicksal hat es nicht gut mit dir gemeint. Du bist Hartz-IV-Empfänger und hast dir diesen Ausflug schon vom Mund abgespart, um mal wieder aus deiner Heimatstadt rauszukommen.	Du stehst kurz vor deiner Abschlussprüfung. Seit Wochen lernst du schon für die Prüfung. Um diesem Wahnsinn einmal zu entfliehen, machst du dir ein schönes Wochenende am See.	Lange hast du deine Freunde aus Hamburg nicht mehr gesehen. Nun verbringst du mit ihnen einen schönen Tag am Bodensee. Es gibt so viel zu erzählen ...
Situation 4	**Situation 5**	**Situation 6**
Du bist als Austauschschülerin zum ersten Mal in Deutschland. Die Anreise aus der Ukraine war anstrengend und endlos lange. Dafür wirst du mit einem wunderbaren Tag am „Schwäbischen Meer“ belohnt. Du fragst dich nur, wo die Deutschen all dieses Geld hernehmen.	20 Euro Taschengeld für das Schullandheim und das muss für eine Woche reichen. Viel ist es nicht, aber du bist froh, überhaupt mitfahren zu dürfen, denn leider haben deine Eltern nicht wirklich viel Geld.	Nach deiner Ernennung zum Abteilungsleiter hast du dir diesen kleinen Ausflug an den Bodensee gegönnt. Viele Monate hast du nun schon keinen richtigen Ausflug unternommen und es gibt ja immerhin etwas zu feiern.

Matthias Förtsch, Erik Müller, POLITIK betrifft uns, Ausgabe 6/2015, Bergmoser + Höller Verlag AG, Aachen, S. 10

AUFGABEN

1. Beschreibe, welchen Einfluss der Preis auf das Kaufverhalten von Lucas Vater hatte (**M16**).
2. Stell dir vor, die in **M17** genannten Güter werden um 25 Prozent teurer.
   a) Beschreibe, wie sich diese Teuerung auf deinen Konsum bzw. auf den Konsum deiner Familie auswirkt.
   b) Erläutere den Unterschied zwischen dem Gut „Heizöl“ und dem Gut „Eisbecher“ in Bezug auf den Einfluss des Preises bei der Kaufentscheidung.
   c) Erkläre, weshalb für manche Güter ein Konsumverzicht kaum möglich ist.
3. Erläutere die Rolle des Preises für deine Kaufentscheidungen.

F Verteilt die Situationen 1-6 (**M18**) in der Klasse. Entscheidet jeweils für euren konkreten Fall, wie viel ihr jeweils für einen Eisbecher zu zahlen bereit wäret. Begründet eure Entscheidung.

GRUNDWISSEN

WER ODER WAS BEEINFLUSST MEIN KAUFVERHALTEN?

JUGENDLICHE UND MARKEN (M1-M3)

Es gibt von fast allen Produkten eine große Auswahl. Für viele Menschen, vor allem auch Jugendliche ist die Marke bei ihrer Kaufentscheidung sehr wichtig. Die Unternehmen geben viel Geld dafür aus, um ihre Marken mit einem bestimmten Bild zu verbinden, zum Beispiel über Werbung. Sie können ihre Produkte dann für deutlich mehr Geld verkaufen und machen mehr Gewinn.

WERBUNG BEEINFLUSST UNSER KAUFVERHALTEN (M4-M7)

Im Alltag treffen wir ständig auf Werbung: ob im Fernsehen, im Radio, auf Plakaten, in der Zeitung oder im Internet. Wir werden durch Werbung stark beeinflusst.

Ziel jeder Werbung ist es, wie der Name schon sagt, für ein Produkt zu werben, sodass es vom Kunden gekauft wird. Werbung informiert über die Eigenschaften des beworbenen Produkts und verschafft dem Konsumenten so einen Überblick über die angebotenen Güter. Häufig „verführt" Werbung durch geschickte Strategien jedoch den Kunden: Sie erzeugt „künstliche" Bedürfnisse, verschleiert Preise und die Nachteile eines Produktes werden verheimlicht. Der Konsument bezahlt die Werbung letztlich über höhere Produktpreise.

DIE NACHTEILE DER BILLIGEN PRODUKTION (M8-M10)

In Deutschland können sich viele Menschen zu sehr günstigen Preisen viel kaufen: Ein T-Shirt kostet zum Teil nur wenige Euro, die Schokolade ist ständig im Sonderangebot und so weiter.

Um so billig produzieren zu können, wird bei der Herstellung der Produkte gespart. Dieses Sparen zeigt sich an ganz vielen verschiedenen Punkten: Zum Teil werden giftige Produkte eingesetzt, die der Umwelt und den Menschen, die damit arbeiten müssen, sehr schaden, zum Beispiel bei der Herstellung von Jeans. Häufig werden die Arbeitskräfte sehr schlecht bezahlt und schlecht behandelt. In der Kakaoproduktion für unsere Schokolade arbeiten Millionen minderjährige Kinder. Und das sind nur einige Beispiele.

Diese billige Produktion ist der „Normalfall": Die allermeisten Hersteller von z. B. Kleidung zahlen ihren Arbeitern nur geringe Löhne, die kaum für ein gutes Leben ausreichen. Auch wenn wir teure Markenprodukte kaufen, sind die Probleme leider die gleichen. Nur die Firmen der Markenprodukte verdienen mehr mit den Markenprodukten.

GRUNDWISSEN

KONSUM MIT VERANTWORTUNG (M11-M15)

Wenn ich als Konsument oder Verbraucher nicht unterstützen möchte, dass die Arbeiter oder die Umwelt durch mein Verhalten Schaden nehmen, muss ich mich gut informieren. Das ist leider nicht immer einfach.
Label und Siegel stehen für eine bestimmte Qualität von Produkten. Auch diese müssen kritisch überprüft werden, nicht immer sind die eingehaltenen Standards besonders hoch.
Es gibt aber auch immer mehr Firmen und Läden, die viel Wert auf nachhaltig hergestellte Produkte legen. Dies hat in der Regel einen Preis, die Produkte sind teurer. Aber wenn mehr Menschen beim Einkauf zeigen, dass es ihnen wichtig ist, wie die Produkte hergestellt werden und wer dabei zu Schaden kommt, kann sich etwas ändern.

DER EINFLUSS DES PREISES (M16-M18)

Wenn wir ein Produkt nicht unbedingt zur Sicherung unserer Grundbedürfnisse benötigen, werden wir unter Umständen darauf verzichten, wenn der Preis zu stark ansteigt. Hier bestimmt also der Preis die Nachfrage. Anders verhält es sich bei Produkten, auf die wir angewiesen sind. Dann sind wir bereit, einen höheren Preis zu zahlen, z. B. für Heizöl im Winter.
Auch spielt eine große Rolle, ob ich als Konsument auf Alternativen ausweichen kann: Wenn z. B. der andere, günstigere Joghurt ähnlich gut schmeckt, werde ich mein Kaufverhalten vielleicht anpassen. Ein leckeres Eis an einem Sommernachmittag lässt sich aber schwer ersetzen – hier bin ich vielleicht bereit, in der entsprechenden Situation auch einen hohen Preis zu zahlen.
Es hängt also u. a. von dem Produkt und der Situation ab, welchen Einfluss der Preis auf das Kaufverhalten hat.

1.3 Was sind die Rahmenbedingungen für mich als Käufer?

Darf ich selber kaufen, was ich möchte? Das sagt das Gesetz ...

Du hast genug Geld gespart und kannst dir einen langersehnten Wunsch erfüllen. Dann kommt dein älterer Bruder und vermiest dir die Vorfreude: „Du darfst doch noch gar nicht selber einkaufen, du bist noch nicht volljährig". Stimmt das?

M1 Darf ich alles kaufen?

		Ja	Nein	Begründung
a	Darf Lena (5) sich alleine beim Bäcker ein Brötchen kaufen?			
b	Darf Tim (13) sich von seinem Taschengeld einen Computer kaufen?			
c	Darf Hatice (17) sich einen schicken, 250 Euro teuren Mantel kaufen?			
d	Darf Ahmed (16) ein Handy geschenkt bekommen, das 24 Monate an einen Vertrag gebunden ist?			
e	Darf Nevil (15) sich CDs von Geld kaufen, das ihm seine Eltern eigentlich für eine neue Jacke gegeben hatten?			
f	Darfst du dir im Internet die neue FIFA-Version für deine Playstation kaufen?			

BITTE INS HEFT!

GESCHÄFTSFÄHIGKEIT

Wer etwas kaufen möchte, schließt beim Kauf einen Vertrag mit dem Verkäufer. Das Gesetz erlaubt erst ab einem bestimmten Alter, einen solchen Kaufvertrag zu schließen. Man nennt das Geschäftsfähigkeit.

Geschäftsfähig?	Alter
Bist du noch keine 7 Jahre alt ist, dann bist du *geschäftsunfähig*. Das heißt, deine Eltern müssen dir erlauben, einzukaufen.	unter 7 Jahre
Bist du zwischen 7 und 17 Jahren, dann bist du *beschränkt geschäftsfähig*. Das heißt, du kannst zwar einkaufen gehen, aber deine Eltern können den Kauf wieder rückgängig machen, wenn sie damit nicht einverstanden sind.	7–17 Jahre
Ab 18 Jahren bist du *voll geschäftsfähig*, das heißt, du brauchst von niemandem mehr eine Erlaubnis.	ab 18 Jahren

M2 Was sagt das Bürgerliche Gesetzbuch?

§ 1 Beginn der Rechtsfähigkeit

Die Rechtsfähigkeit des Menschen beginnt mit der Vollendung der Geburt.

§ 106 Beschränkte Geschäftsfähigkeit Minderjähriger

Ein Minderjähriger, der das siebente Lebensjahr vollendet hat, ist [...] in der Geschäftsfähigkeit beschränkt.

§ 107 Einwilligung des gesetzlichen Vertreters

Der Minderjährige bedarf zu einer Willenserklärung, durch die er nicht lediglich einen rechtlichen Vorteil erlangt, der Einwilligung seines gesetzlichen Vertreters.

§ 108 Vertragsschluss ohne Einwilligung

(1) Schließt der Minderjährige einen Vertrag ohne die erforderliche Einwilligung des gesetzlichen Vertreters, so hängt die Wirksamkeit des Vertrags von der Genehmigung des Vertreters ab. [...]

§ 110 Bewirken der Leistung mit eigenen Mitteln („Taschengeldparagraf")

Ein von dem Minderjährigen ohne Zustimmung des gesetzlichen Vertreters geschlossener Vertrag gilt als von Anfang an wirksam, wenn der Minderjährige die vertragsmäßige Leistung mit Mitteln bewirkt, die ihm zu diesem Zweck oder zu freier Verfügung von dem Vertreter oder mit dessen Zustimmung von einem Dritten überlassen worden sind.

§ 516 Begriff der Schenkung

(1) Eine Zuwendung, durch die jemand aus seinem Vermögen einen anderen bereichert, ist Schenkung, wenn beide Teile darüber einig sind, dass die Zuwendung unentgeltlich erfolgt. [...]

Bürgerliches Gesetzbuch (BGB) in der Fassung der Bekanntmachung vom 2.1.2002

AUFGABEN

1. a) Übertrage die Tabelle in dein Heft (**M1**). Entscheide für die Fälle a-f, ob die Aussagen jeweils zutreffen, und begründe deine Entscheidungen knapp.

b) Vergleiche deine Ergebnisse mit denen eines Partners.

2. Erklärt eure Ergebnisse aus Aufgabe 1 mithilfe von **M2**.

H zu Aufgabe 2
Verwende dazu die Methodenkarte Gesetzestexte verstehen (nächste Seite).
Hinweis: Das BGB unterscheidet nicht zwischen Käufen im Einzelhandel und online.

KOMPETENZ: Methode

Gesetzestexte verstehen

Gesetzestexte sind häufig auf den ersten Blick kaum zu verstehen, weil sie in Fachsprache formuliert sind. Sie beinhalten viele Regelungen, Bestimmungen und Fachbegriffe. Gesetzestexte sind immer gleich aufgebaut: Sie haben eine Überschrift, ihr Anfang beginnt mit dem Paragraphenzeichen „§" und eine weitere Unterteilung erfolgt in Absätzen mit Nummern in Klammern, z. B. (1). Mit den folgenden Schritten kannst du jeden Gesetzestext entschlüsseln:

		BEISPIEL: **Darf sich Tim (13) von seinem ersparten Taschengeld einen Computer kaufen? (M1, Fall b)**
Betroffenes Gesetz / Artikel	→	*„Taschengeldparagraf":* *§110 Bewirken der Leistung mit eigenen Mitteln* (BGB)
Schritt 1: *Themengebiet klären* Was wird geregelt? Nenne den inhaltlichen Bereich, um den es geht.	→	Es geht um die Verwendung von Taschengeld ...
Schritt 2: *Unbekannte Begriffe klären* Kläre dir unbekannte Begriffe.	→	*Minderjähriger:* jeder, der das 18. Lebensjahr noch nicht vollendet hat *Gesetzlicher Vertreter:* jemand, der rechtlich für einen anderen handeln darf. In der Regel sind das die Eltern, manchmal auch das Jugendamt. *Vertragsmäßige Leistung:* Produkt oder Dienstleistung, die gekauft wird *Mittel:* Geldbetrag
Schritt 3: *Geltungsbereich eingrenzen:* Wen betrifft die Regelung? Markiere in einer Farbe deiner Wahl, auf wen sich diese Regelung bezieht.	→	Der §110 (BGB) bezieht sich auf Minderjährige.
Schritt 4: *Regelung / Bestimmung verstehen* Was sagt die Regelung genau aus? Markiere in einer anderen Farbe den konkreten Inhalt des Paragraphen und formuliere ihn in eigenen Worten. Meist kann die Regelung in Tatbestand und Rechtsfolge zerlegt werden. Dabei wird der Tatbestand mit „wenn" eingeleitet und z. B. der Personengruppe, auf die sich die Regelung bezieht. Die Rechtsfolge erkennt man häufig, aber nicht immer, mit „so".	→	*Tatbestand:* „Wenn der Minderjährige die vertragsmäßige Leistung mit Mitteln bewirkt, die ihm zu diesem Zweck oder zu freier Verfügung [...] überlassen worden sind." *Rechtsfolge:* „[...] Vertrag gilt als von Anfang an wirksam [...]." Hier wird geregelt, ob bzw. wann ein Minderjähriger das Taschengeld ohne Zustimmung z. B. der Eltern ausgeben darf: Unter 18-Jährige dürfen nur über einen (kleinen) Betrag in Höhe des Taschengeldes selber verfügen. Ergebnis Fall Tim: Wenn Tim sich ohne Zustimmung seiner Eltern einen Computer kauft, muss er damit rechnen, dass der Verkauf auf Bitte seiner Eltern hin rückgängig gemacht wird. Der Computer ist teurer als der Betrag, der ihm als Taschengeld zur Verfügung steht.

Welche Rechte und Pflichten habe ich beim Einkaufen?

Malik (15) kommt in seinen Lieblings-Buchladen und wird vom Verkäufer angesprochen: „Ich habe dir doch letzte Woche wie besprochen den Comic bestellt, der ist jetzt angekommen.“ Malik zögert: Er hat sein Taschengeld in der Zwischenzeit schon für anderes ausgegeben. Aber er ist sich nicht sicher, ob er verpflichtet ist, den Comic jetzt zu kaufen …

M3 Wenn ich etwas kaufe …

KAUFVERTRAG

Wenn sich Verkäufer und Käufer einig sind über die Sache, über deren Eigenschaften und über den Preis, schließen sie einen Kaufvertrag.
Der Verkäufer verpflichtet sich, dem Käufer die Sache zu übergeben (frei von Mängeln), und der Käufer verpflichtet sich, dem Verkäufer den vereinbarten Kaufpreis zu zahlen und die gekaufte Sache abzunehmen.
Der Kaufvertrag kommt zustande, wenn beide Seiten ihren Willen zum Kaufgeschäft eindeutig zum Ausdruck bringen. Es reicht also schon aus, dass der Kunde z. B. seine Gummibärchen an die Kasse legt und offensichtlich zahlen möchte.

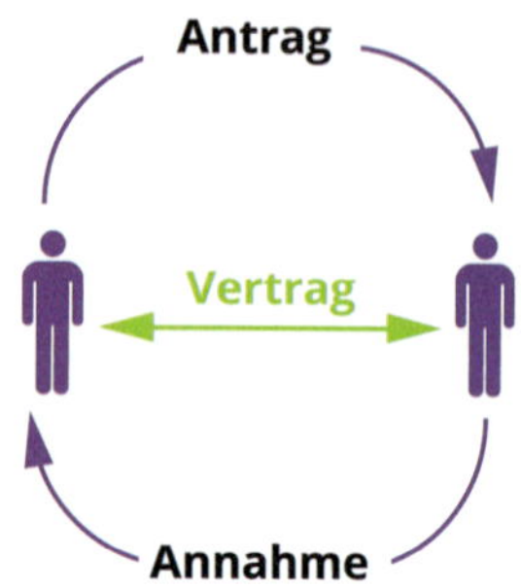

Das nennt man auch „übereinstimmende Willenserklärungen", der eine bietet das Geschäft an („Antrag"), der andere nimmt es an („Annahme"). Willenserklärungen, die zu einem Vertragsabschluss führen, können auf unterschiedliche Art und Weise abgegeben werden: Mündlich, schriftlich (z. B. Brief, E-Mail) oder durch sogenanntes schlüssiges Handeln. Das heißt, der Vertragspartner erkennt am Tun, dass man einen Vertrag schließen will.

M4 Kommt ein Kaufvertrag zustande?

Situation 1

Paul (12 Jahre) Verkäuferin

Situation 2

Verkäuferin Jonas (5 Jahre)

Situation 3

Milo (15 Jahre)

M5 Dürfen Kinder alles geschenkt bekommen?

Helenas Opa hat sich einen schönen Neuwagen gekauft und will jetzt sein altes Auto loswerden. Aber nicht einmal der Autoverkäufer will den Altwagen in Zahlung nehmen. Helena gefällt das Auto aber so sehr, dass sie den Opa fragt, ob sie den Wagen nicht geschenkt bekommen könne. Der Opa stimmt freudig zu. Er ist die alte Kiste als Geschenk einfach und billig losgeworden, brauchte keine Verschrottungsgebühr zahlen und hat noch dazu seiner Enkelin eine Freude gemacht. Gehört der 6-jährigen Helena jetzt das alte Auto?

Achtung: Auch eine Schenkung ist ein Vertrag.

M6 Die Erfüllung der Pflichten

AUFGABEN

1. a) Begründe, warum der Mann das Fahrrad am kommenden Mittwoch dem Verkäufer abnehmen und bezahlen muss (**M3**, **#Kaufvertrag**).
   b) Erkläre die rechtlichen Rahmenbedingungen beim Kaufvertrag.
2. Begründe für die Situationen 1-3, ob jeweils ein Kaufvertrag zustande kommt (**M4**).
3. Überprüfe, ob Helena das alte Auto behalten darf (**M5**).

H zu Aufgabe 3
Überprüfe die Schenkung mit dem Gesetzestext (BGB), **M2**.

F Erkläre, inwiefern die Situation aus **M6** zum Kaufvertrag gehört.

Online einkaufen – etwas Besonderes?

Nur ein Mausklick von deinem Lieblingsprodukt entfernt, und das zu jeder Zeit ... Eine tolle Sache! Aber hat das auch Nachteile?

Zahlen: Eurostat

M7 Shopping – ganz einfach online

WIDERRUFSRECHT

Kunden, die über den Versandhandel (also auch über das Internet) eingekauft haben, haben das Recht, von ihrem Kauf zurückzutreten. Wenn sie die Ware erhalten haben, können sie 14 Tage lang das bestellte Produkt zurückschicken. Dazu müssen sie keine Gründe angeben. Kunden dürfen das Produkt allerdings nicht benutzen. Sie dürfen es nur anschauen und prüfen.

Wenn der Wert unter 40 Euro liegt, muss der Käufer die Kosten für die Rücksendung übernehmen, ansonsten der Verkäufer. Ausnahme: Ein Onlineshop räumt explizit das Recht zur kostenlosen Rückgabe ein.

M8 Online einkaufen – ohne Altersbeschränkung?

Auch Kinder und Jugendliche haben heute regelmäßig Zugriff auf das Internet. Da Online-Händler das Alter ihrer Kunden für gewöhnlich nicht überprüfen, können diese leicht auch ohne Erlaubnis der Eltern online einkaufen. Allerdings gelten die Regeln über die Geschäftsfähigkeit und somit die über die Wirksamkeit von Verträgen mit Minderjährigen im Internet genauso. [...]
Bei Bestellungen im Internet ist es [...] regelmäßig so, dass die Rechnung hinterher bezahlt wird. Das fällt [...] nicht unter den „Taschengeldparagraph". Daher müssen die Eltern bei Internet-Käufen entweder zuvor einwilligen oder das Geschäft nachträglich genehmigen. Erteilen sie keine Genehmigung, ist der Kaufvertrag unwirksam. [Dann] reicht es aus, wenn [Eltern] dem Unternehmen gegenüber erklären, dass sie die Genehmigung verweigern.

www.verbraucherzentrale.de, 14.3.2016

M9 Sicherheitstipps für Online-Shopping

Sicherheit prüfen!

- Anbieter mit Gütesiegeln wählen *(z. B. S@fer Shopping, Geprüfter Online-Shop* oder *Trusted Shops Guarantee)*
- beim Bestell- und Bezahlvorgang auf das verschlüsselte Web-Protokoll, also das „https" in der URL achten
- Allgemeine Geschäftsbedingungen (AGB) nachlesen (Sie müssen leicht auffindbar platziert sein. Das gilt auch für die Widerrufsbelehrung.)

Rechnungsbetrag vor Abschluss der Bestellung checken!

- Prüfen: Hast du nichts aus Versehen doppelt bestellt?
- Sind unerwünschte Zusatzprodukte enthalten?
  (Bei Flügen werden z. B. gerne Reiserücktrittsversicherungen mitverkauft.) [...]

Vorsicht bei Musik-Downloads!

Auch wenn die Rechtslage hier umstritten ist, gilt bei Musik-Tauschbörsen Vorsicht – sie sind in aller Regel illegal. Nicht nur den Anbietern, sondern auch den Nutzern droht eine strafrechtliche Verfolgung samt hoher Geldbußen. Erlaubt sind lediglich kostenpflichtige gewerbliche Download-Angebote sowie Downloads, die ein Künstler selbst zur Verfügung stellt.

Nach: www.wirtschaftundschule.de, Internet-Shopping (2.9.2016)

AUFGABE

1. Stelle mit einem Partner Vor- und Nachteile von Online-Shopping in einer Tabelle gegenüber (**M7**-**M9**).

Bin ich als Verbraucher auch geschützt?

„Sag mal, wollen die mich eigentlich für blöd verkaufen?! ‚Stärkt die Abwehrkräfte!' Dieser Joghurt besteht doch vor allem aus Zucker, und das soll gesund sein ...?!" Über manche Werbung kann man sich einfach nur ärgern, andere ist schon fast gelogen. Was muss ich mir als Kunde anhören, und bin ich als Verbraucher eigentlich geschützt?

M10 Das klingt gut!

M11 Wer schützt mich vor fauler Werbung?

Deutsche Gesetze schützen den Verbraucher gegenüber den Herstellern und Verkäufern. Zum Beispiel gibt es ein Gesetz, das irreführende Werbung verbietet, das sogenannte Gesetz gegen den unlauteren Wettbewerb.

a) Der Fall:

In einer Zeitungsanzeige warb eine Firma für ein Mobilfunktelefon zum Preis von 0,00 DM. Dieser Preis sollte nur gelten, wenn gleichzeitig ein 12-monatiger Netzkartenvertrag abgeschlossen wird. Diese Bedingungen stand in der Anzeige in einem Kasten neben dem abgebildeten Mobiltelefon. Auf das Kästchen wurde über ein Stern bei der Preisangabe verwiesen.

Nach: www.jurpc.de

b) Aus dem Urteil

„[...] Eine derartige Werbung ist [...] irreführend und verstößt gegen die Preisangabenverordnung, wenn die für den Verbraucher mit Abschluss des Netzkartenvertrags verbundenen Kosten nicht deutlich gemacht werden. Dies bedeutet, dass die Angaben über die Kosten des Netzzugangs räumlich eindeutig dem blickfangmäßig herausgestellten Preis für das Mobiltelefon zugeordnet sowie gut lesbar und grundsätzlich vollständig sein müssen."

Aus: BGH-Urteil, 8.10.1998 – I ZR 187/97

M12 Wo kann ich mich informieren?

Wenn ich ein Produkt nicht kenne, informiere ich mich so ...

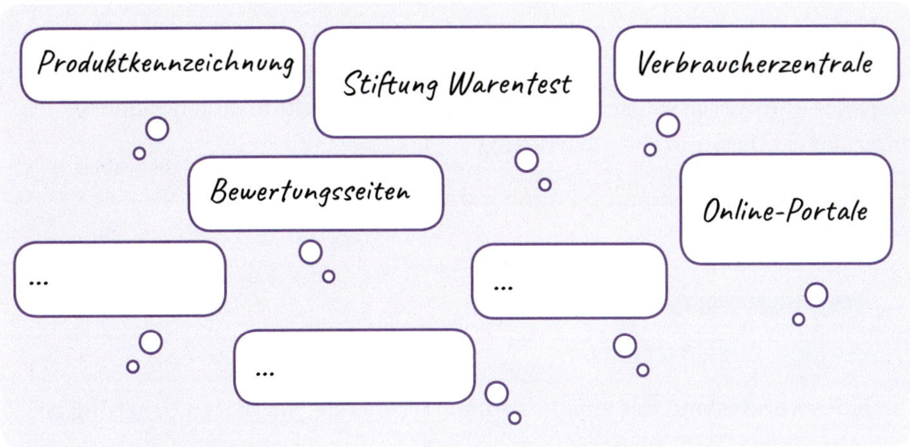

M13 So viele Siegel ... Behalte den Durchblick!

Es gibt sehr viele verschiedene Label. Sie sollen die Kunden informieren. Häufig sind sie aber auch ein Weg, um für ein Produkt zu werben. Sie erwecken den Anschein, dass das Produkt besonders gute Eigenschaften mitbringt. Dabei ist es ganz unterschiedlich, wofür ein bestimmtes Siegel überhaupt steht. Daher muss man sich gut informieren, welches Zeichen was bedeutet und welche Qualität dahinter steckt.

Eine Auswahl an Siegeln für Textilkleidung:

	Kontrolle der ges. Produktionskette	Kontrolle/ Transparenz	Anteil Biomaterial	Verzicht auf Gentechnik	Kein Einsatz von Chemikalien	Arbeitszeiten	Faire Löhne	Mitbestimmung	Versicherung	Keine Kinderarbeit
Global Organic Textile Standard	✓	++	+	++	++	+	+	++	?	++
Naturtextil	✓	++	++	++	++	+	++	++	?	++
World Fair Trade Organization*	✓	o	+	++	+	+	++	++	?	++
Fair Wear Foundation*	✓	o	–	–	–	+	++	++	?	++
Naturland	✓	++	++	++	++	+	+	+	++	++
Fairtrade Certified Cotton	×	++	o	++	o	+	+	++	+	++
	✓	+	++ / –	––	–	–	––	–	–	++

*Mitgliederorganisation

http://fair-zieht-an.synagieren.de/flyer/

M14 Verbraucherzentralen klären auf: Der „Essplorer“:

Was ist dran an neuen Trends und Werbeversprechen zu Lebensmitteln und Kosmetika? Junge Verbraucherinnen und Verbraucher, die unabhängige und verlässliche Informationen zu Lebensmitteln, Ernährung und Kosmetik suchen, haben nun einen neuen Informationskanal. Mit der kostenlosen App „Essplorer“ […] bietet die Verbraucherzentrale Baden-Württemberg unabhängige Informationen speziell für Jugendliche.

Niklaas Haskamp, www.vz-bawue.de/pm-essplorer, 20.2.2015

VERBRAUCHERZENTRALEN

Jedes Bundesland hat eine Verbraucherzentrale. Sie bieten Beratung zu sehr vielen Verbraucherfragen an, z. B. zu den Themen Finanzen, Computer, Ernährung usw.

Die Verbraucherzentrale Nordrhein-Westfalen gibt ein Online-Jugendmagazin unter www.checked4you.de heraus. Die von Baden-Württemberg ist über www.vz-bawue.de zu erreichen.

AUFGABEN

1. a) Hast du dich von Werbung schon einmal falsch informiert gefühlt?
   b) Beschreibe mithilfe des Urteils (**M11**), weshalb die Werbung für das Mobiltelefon gegen das Gesetz verstößt (**M10**).
2. Wie informierst du dich, wenn du ein dir unbekanntes Produkt kaufen möchtest?
   a) Ergänze die Sammlung (**M12**).
   b) Für wie glaubwürdig hältst du die einzelnen Informationsquellen? Ordne die Quellen, nenne die glaubwürdigste Informationsquelle zuerst.
3. Beschreibe, inwiefern Siegel den Verbraucher schützen können (**M13**).
4. Erkläre, ob und in welchen Situationen du die Essplorer-App anwenden würdest (**M14**).
5. Beurteile, ob Verbraucherzentralen wichtig sind (**M11-M14**).
6. Welche App für jugendliche Verbraucher würdest du programmieren?
   a) Wähle einen Produktbereich aus, den du für besonders wichtig hältst.
   b) Beschreibe, was die App alles können müsste.
   c) Recherchiere, ob es eine ähnliche App bereits gibt.

GRUNDWISSEN

WAS SIND DIE RAHMENBEDINGUNGEN FÜR MICH ALS KÄUFER?

JUGENDLICHE DÜRFEN ALLEINE NICHT ALLES KAUFEN (M1-M2)

Kinder und Jugendliche sind noch nicht immer in der Lage, ihr Handeln richtig einzuschätzen. Deshalb schränkt das Bürgerliche Gesetzbuch (BGB) einige Rechte von Kindern und Jugendlichen ein. Kein Kind unter 7 Jahren darf alleine kaufen, was es möchte. Ab 7 Jahren dürfen Kinder und Jugendliche alleine entscheiden, was sie kaufen möchten, sofern sie nur ihr Taschengeld dafür verwenden. Ansonsten müssen die Eltern einem Kauf zustimmen.

RECHTE UND PFLICHTEN BEIM EINKAUF (M3-M9)

Wer etwas kauft, geht bestimmte Pflichten ein: Er bzw. sie muss die Ware bezahlen und sie abnehmen. Gleichzeitig hat er das Recht, die Waren ohne Schaden vom Verkäufer zu erhalten. Käufer und Verkäufer willigen dann in einen Kaufvertrag ein. Dafür gibt es gesetzliche Regeln.

Immer mehr Einkäufe werden im Internet getätigt, vor allem auch von jungen Leuten. Jugendliche können leicht auch ohne Erlaubnis der Eltern online einkaufen, weil Online-Händler selten das Alter ihrer Kunden überprüfen. Allerdings gelten die Regeln über die Geschäftsfähigkeit im Internet genauso wie im normalen Laden: Nur wer volljährig, also 18 Jahre alt ist, ist unbeschränkt geschäftsfähig. Kinder und Jugendliche von 7-18 Jahren dürfen nur dann etwas kaufen, wenn die Ware sofort vom Taschengeld bezahlt werden kann. Eltern müssen bei Internet-Käufen entweder zuvor einwilligen oder das Geschäft nachträglich genehmigen. Erteilen sie keine Genehmigung, ist der Kaufvertrag unwirksam.

SCHUTZ FÜR DEN VERBRAUCHER (M10-M14)

Das Angebot an Waren ist so groß, dass Verbraucher häufig nicht mehr den Überblick haben. Der Gesetzgeber versucht ihn daher mit verschiedenen Gesetzen, z. B. vor irreführender Werbung, Gesundheitsgefahren u. Ä., zu schützen.

Orientierung für den Verbraucher sollen vor allem Siegel und Gütezeichen bringen. Hier muss man sich aber gut informieren, für welche Qualität das Siegel überhaupt steht. Firmen nutzen die Siegel auch als Instrument für Werbung.

Verbraucherzentralen beraten und informieren zu allen Fragen des Verbraucherschutzes. Sie können auch dabei helfen, sich über Produktionsbedingungen zu informieren. Zudem können Verbraucher Verstöße gegen geltendes Recht oder undurchsichtige Geschäftspraktiken melden, um andere Verbraucher zu warnen, z. B. vor Abofallen.

1.4 Wie funktioniert ein Markt?

Was passiert auf einem Markt?

„Auf den Markt?" Wer geht denn heute noch auf den Markt? Das gibt es doch alles im Einkaufszentrum ...!" Leute, die versuchen die Wirtschaft zu verstehen und zu erklären, denken bei einem „Markt" nicht nur an den Wochenmarkt mit Obst und Gemüse. Und sie fragen sich, wie viel ein Produkt eigentlich wert ist ...

M1 Ein Markt im Klassenzimmer

Simulation vorbereiten (Tag vorher)

- Ihr benötigt folgende Rollen: Verkäufer (entsprechend der Anzahl der anzubietenden Waren, hier 9), Käufer (die übrigen Schüler).
- Die Verkäufer bringen folgende Gegenstände zum Handeln am Markt mit und bestimmen zuvor deren Preis (Preisschild schreiben!):
- 3 besonders begehrte Gegenstände (z. B. iPod oder Handy)
  6 gleiche Schulbücher

Simulation durchführen (ca. 20 Min.)

- Die anzubietenden Waren werden auf „Verkaufstischen" ausgestellt.
- Die übrigen Schüler spazieren im Klassenzimmer als Kunden herum, informieren sich über das Warenangebot und erwerben – je nach Bedarf – einzelne Produkte.

Achtung: Es handelt sich um eine Simulation, erworbene Waren und gegebenenfalls Geld werden nach Spielende zurückgegeben!

Simulation auswerten (ca. 20 Min.)

- Beschreibt, was aus eurer Sicht auf „eurem" Markt passiert ist: Sind alle Waren verkauft worden? Was ist mit den vom Verkäufer festgelegten Preisen passiert? Sind sie eingehalten worden?
- Erklärt jeweils die Strategien, die ihr während des Handelns entweder als Käufer oder aber als Verkäufer am Markt verfolgt habt.
- Gab es Probleme? Wenn ja, welche? Wie könnten diese gelöst werden?

M2 Ist das ein Markt?

a

b

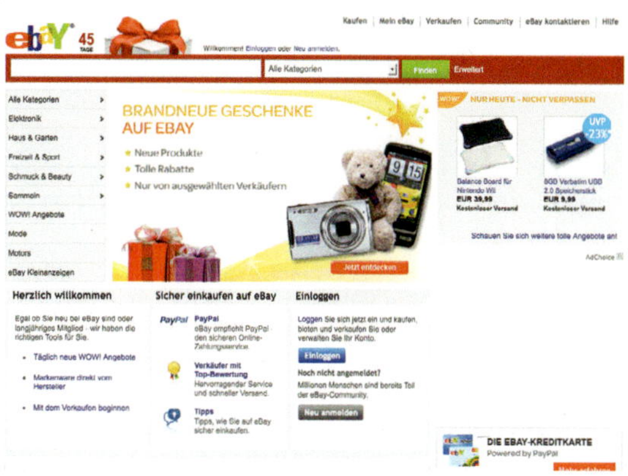

c

d

MARKT

In der Wirtschaft versteht man unter einem Markt den „Ort“, an dem Verkäufer (Anbieter) und Käufer (Nachfrager) aufeinandertreffen. Dabei werden Produkte zum Tausch angeboten und nachgefragt. Geld ist das übliche Tauschmittel. Es gibt verschiedene Märkte.

Der Markt wird dabei nicht als konkreter Ort verstanden, sondern abstrakt: Wenn man z. B. vom Rohölmarkt spricht, geht es um das Zusammenspiel der Anbieter und Abnehmer von Rohöl.

AUFGABEN

1. Was passiert auf eurem Markt? Führt die Simulation durch (**M1**).
2. Ist das ein Markt (**M2**)? Entscheide für die Bilder a bis d, ob sie deiner Meinung nach jeweils einen Markt beschreiben.

H zu Aufgabe 2
Berücksichtige Käufer und Verkäufer und um welche Produkte es sich handelt.

Wer ist am Markt beteiligt?

Wenn du auf dem Markt mitmischst, kannst du dir das wie ein Tauschspiel mit Spielfiguren vorstellen. Dabei verfolgt jeder Mitspieler sein eigenes Ziel. Viel Spaß beim Spielen!

M3 Wer tauscht mit?

ZIEL:
Jeder hat am Ende des Spiels sein eigenes gegen ein anderes Objekt getauscht. Jeder ist mit dem Tausch zufrieden.

VORBEREITUNG:
Bringt ein Tauschobjekt eurer Wahl mit in die Schule.

DURCHFÜHRUNG (max. 15 Minuten):
Bietet eure mitgebrachten Gegenstände zum Tausch an. Tauscht sie entsprechend eurer Bedürfnisse und Möglichkeiten ein.

M4 Der Wirtschaftskreislauf: Wer sind die „Mitspieler"?

Deine Eltern kaufen ein Auto. Das klingt ganz einfach, aber was passiert da genau? Deine Eltern tauschen ihr Geld gegen eine Sache ein, die in einer Fabrik hergestellt wurde. Das Geld für das Auto haben deine Mutter und dein Vater vorher im Normalfall durch ihre Arbeit auf einer Arbeitsstelle verdient. So funktioniert es viele tausend Mal: Die Unternehmen bezahlen für die Arbeitskraft der Menschen. Diese wiederum bezahlen mit ihrem Verdienst die Güter des täglichen Lebens, die in vielen Unternehmen (in unserem Fall die Autofirma) hergestellt werden. Es hat sozusagen ein Austausch zwischen den Unternehmen und den privaten Haushalten stattgefunden. Das lässt sich grafisch in einem Kreis darstellen und das Ganze nennt man den „einfachen Wirtschaftskreislauf".
Und nun für Expertinnen und Experten: Wenn man den „erweiterten Wirtschaftskreislauf" darstellt, werden noch andere Dinge mit einbezogen. In den Haushalten wird natürlich nicht das ganze Einkommen für Dinge des täglichen Lebens ausgegeben, sondern Teile des Geldes werden zur Bank gebracht. Die Banken verleihen das Geld an Firmen, die wiederum neue Maschinen anschaffen können. Beim erweiterten Wirtschaftskreislauf werden also vor allem die Geldumläufe in einer Volkswirtschaft berücksichtigt. Dazu zählen auch Steuern, Schulden, Versicherungen und anderes, das mit Finanzen zu tun hat. Diese wirtschaftlichen Abläufe sind sehr kompliziert, weil auch die Geschäfte des Staates mit dem Ausland dabei eine Rolle spielen.

Gerd Schneider, Christiane Toyka-Seid, Hanisauland, Lexikon

M5 ... auch der Staat spielt mit

Auch der Staat beeinflusst den Wirtschaftskreislauf:

1. Er zieht Steuern, Abgaben und Sozialleistungen von den Haushalten und Unternehmen ein.
2. Mit dem Geld zahlt er Löhne und Gehälter, zum Beispiel an die Beamten.
3. Natürlich kauft er auch ein, zum Beispiel Papier für die Beamten, aber auch Baumaterial für Schulen, Autobahnen usw.
4. Der Staat fördert gelegentlich Unternehmen oder Wirtschaftszweige, zum Beispiel neue Energien (das sind sogenannte Subventionen).
5. Schließlich finanziert der Staat die Renten, Arbeitslosengeld und sonstige Sozialleistungen, das nennt man Transferzahlungen.

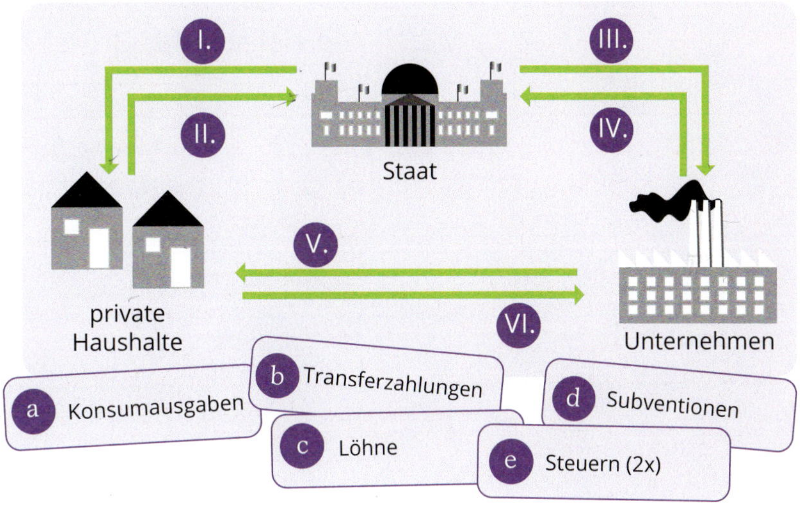

MODELLBILDUNG: DER WIRTSCHAFTSKREISLAUF

Um die Wirtschaft besser untersuchen und verstehen zu können, werden in Modellen die Abläufe einfacher dargestellt, als sie in Wirklichkeit sind. Der Wirtschaftskreislauf ist ein Modell, das vereinfacht erklärt, wie die Wirtschaft eines Landes funktioniert. Im einfachen Kreislauf gibt es Unternehmen (die produzieren) und Haushalte (die konsumieren). Zwischen den einzelnen Teilnehmern wird Geld gegen Güter getauscht, im Kreislauf werden nur die Geldflüsse dargestellt.

Im „erweiterten Wirtschaftskreislauf" wird dargestellt, wie neben Haushalten und Unternehmen auch der Staat und die Banken (und z. T. das Ausland) an den Geldflüssen in einer Wirtschaft beteiligt sind.

Erklärfilm zum (erweiterten) Wirtschaftskreislauf

Mediencode: 82201-02

AUFGABEN

1. Spielt das Tauschspiel (**M3**). Begründe, ob ein solcher Tauschhandel auch in der Realität funktionieren würde.
2. Stelle den einfachen Wirtschaftskreislauf grafisch dar (**M4**).
3. Wer spielt noch alles in der Wirtschaft mit?
   a) Ordne zunächst die Beschreibungen im Text (1-5) den Bezeichnungen der Geldflüsse auf den Kärtchen (A-E) zu (**M5**).
   b) Ordne die Kärtchen den Strömen im Wirtschaftskreislauf (I-VI) zu.

H zu Aufgabe 2
Lies den Text **M4** nur bis Zeile 21.

F Beschreibe, an welcher Stelle sich die Banken und Versicherungen zusätzlich zum Staat als Marktteilnehmer einfügen (**M4, M5**).

Angebot und Nachfrage: Wie entstehen Preise?

Sicherlich hast du auch schon mal beobachtet, dass die Preise, z. B. auf einem Wochenmarkt oder an der Tankstelle, nicht immer gleich sind. Aber wie bildet sich eigentlich der Preis?

M6 Wie viel soll das Brötchen kosten?

Damit Bäcker Müller abends keine Brötchen wegwerfen muss, backt er möglichst genau so viele Brötchen, wie er verkaufen kann. Das gelingt ihm aber nur, wenn seine Kunden auch bereit sind, den geforderten Preis zu bezahlen. Natürlich versucht er, seine Brötchen besonders lecker zu backen, aber das alleine reicht wohl nicht…

Bäcker Müller sollte wissen:

- Wie hoch sind meine Ausgaben für das Mehl und die anderen Zutaten?
- Wie viel muss ich meinen Angestellten bezahlen?
- Wie teuer sind die Brötchen bei Bäcker Roggen? (Die Brötchen von Bäcker Müller sollten nicht (viel) teurer sein, als die von Bäcker Roggen nebenan.)
- Welche Brötchen wünschen sich die Kunden?

Viele Dinge kann er nur ahnen, doch aus allen diesen Faktoren bestimmt er seinen Preis.

PREISBILDUNG

Der Preis eines Produkts ist abhängig von Anbietern (Verkäufern) und Nachfragern (Käufern). Die Anbieter möchten mit dem Verkauf einen möglichst hohen Preis erzielen, um selber Gewinn zu machen. Die Nachfrager (Käufer) versuchen ein Gut zu einem möglichst niedrigen Preis zu erhalten. Wenn die beiden auf dem Markt aufeinandertreffen, bildet sich der Preis.

Man sagt auch, wenn Angebot (= alle Verkäufer eines bestimmtes Produkts) und Nachfrage (= alle Käufer eines bestimmten Produkts) aufeinandertreffen, bildet sich der Marktpreis.

M7 Teure Äpfel, billige Äpfel ...

Situation auf dem Wochenmarkt	Veränderung auf Seite von		zentraler Faktor bei der Preisbildung	Reaktion des Apfelpreises	
	Angebot	Nachfrage		Preis fällt	Preis steigt
1. Heute gibt es besonders viele Händler, die Äpfel anbieten.	X		große Konkurrenz	X	
2. Nur wenige Händler bieten Äpfel an.					
3. Neben Äpfeln werden heute auch viele andere Obstsorten angeboten.					
4. Es ist Winter. Neben Äpfeln gibt es kaum anderes Obst im Angebot.					
5. In der Stadt findet ein Fest statt. Besonders viele Käufer sind auf dem Markt.					
6. Bei Regen kann der Markt heute nur wenige Käufer anlocken.					
7. Die Erntehelfer konnten durchsetzen, dass sie mehr Lohn bekommen.					
Dein Beispiel: ...					

BITTE INS HEFT!

Erweitert nach: Anja Binder, Daniel Buhr, Inga Zengerle, in: Politik & Unterricht 3/2015, B4, S. 22

DER VOLLKOMMENE MARKT

Die Entwicklung von Preisen kann man besser untersuchen, wenn man von einem „vollkommenen Markt" ausgeht: Auf diesem Markt sehen alle Güter gleich aus, sind gleich lecker und für das Kaufverhalten spielt auch keine Rolle, ob der Käufer einen Verkäufer freundlicher findet als einen anderen. Die Beteiligten machen ihre Entscheidung allein vom Preis abhängig. Ein funktionierender Markt führt dazu, dass die Nachfrager die Güter bekommen, die sie haben möchten.

Eine Bedingung für den vollkommenen, oder idealen Markt in der Wissenschaft sind also homogene (= gleichartige) Güter. Außerdem gilt die Vorstellung, dass die Käufer keine Vorlieben mitbringen und dass alle Beteiligten alle nötigen Informationen über die Marktsituation kennen. Auf dem vollkommenen Markt gibt es immer Konkurrenz, für die Käufer also die Möglichkeit, bei einem anderen Anbieter zu kaufen. So werden die vorhandenen Mittel bestmöglich eingesetzt und verteilt.

M8 Der „Kuchenmarkt" auf dem Weihnachtsbasar

Auf dem Weihnachtsbasar in der Schule gibt es einen großen Kuchenverkauf. Auch wenn die Stimmung großartig ist und alle Kuchen lecker sind, kann man diesen nach dem Modell als „vollkommen" bezeichnen?

a) Rico kann die Tussi aus der Nachbarklasse wirklich nicht leiden, bei der lässt er bestimmt kein Geld!

b) Frau Ziegler hat einfach nur Hunger, sie will sich auf keinen Fall in der langen Schlange anstellen. Zum Glück ist bei einem Kuchenstand kaum etwas los.

c) Louise versteht nicht, warum ihr Käsekuchen kurz vor Feierabend noch übrig ist. Vielleicht weil ihr Stand hinter der Säule nicht gut gesehen wird?

d) Wenn René das vorher gewusst hätte: Erst als er schon satt ist, entdeckt er den leckeren Kuchen für nur 1 €!

e) Herr Nangarhari hat dieses Jahr etwas ganz besonderes gebacken: Das persische Gebäck stößt auf große Begeisterung.

M9 Je teurer, desto beliebter?

Eine „Birkin Bag" aus Straußenleder

Die „Birkin Bag" ist eines der letzten echten Status-Symbole. [...] Selbst unter Prominenten gilt die Tasche als Trophäe.
Jessica Simpson twitterte kürzlich ein Foto von ihrem schönsten Geburtstagsgeschenk: Eine orangefarbene „Birkin Bag". Die 31-jährige Sängerin war so davon begeistert, dass sie dem Accessoire einen Kuss aufdrückte. Die Tasche ist [...] ein Mythos. Trotz ihres hohen Anschaffungspreises – je nach Material liegt der Einsteigerpreis bei 4.550 Euro – gab es bis letztes Jahr eine angebliche Warteliste.

Nach: www.stylebook.de, 13.7.2011

Trophäe
Objekt, das als Zeichen von Erfolg / Triumph zählt

AUFGABEN

1. Hilf dem Bäcker (**M6**)!
   a) Erstelle eine Checkliste mit Faktoren, die den Brötchenpreis beeinflussen.
   ODER:
   b) Erkläre, wie der Preis auf dem „Brötchenmarkt" entsteht.
2. Es gibt viele Faktoren, die Einfluss auf den Preis nehmen (**M7**).
   a) Entscheide, ob die beschriebene Situation die Nachfrage oder das Angebot verändert.
   b) Benenne jeweils den entscheidenden Faktor für die Preisbildung.
   c) Entscheide, ob der Apfelpreis jeweils steigt oder fällt.
   d) Finde ein weiteres Beispiel. Tausche dein Beispiel mit einem Partner zur Bearbeitung.
3. Nenne Faktoren, die die Preisbildung auf der Angebotsseite beeinflussen (**M6, M7**).
4. Erkläre jeweils für die Szenen a)-e), warum es sich nicht um einen vollkommenen Markt handelt (**M8**).
5. Tauscht euch mit einem Partner aus: Warum werden wohl nicht mehr „Birkin Bag" produziert und verkauft (**M9**).

H zu Aufgabe 4
Prüfe die Bedingungen des vollkommenen Marktes mithilfe von #Der vollkommene Markt.

F zu Aufgabe 5
Nach dem Marktmodell steigt die Nachfrage, wenn der Preis sinkt. Erläutere, warum der Preis von Luxusgütern nicht mit diesem Modell zu erklären ist (M9).

Funktioniert der Markt immer?

Der Markt sorgt dafür, dass die vorhandenen Mittel bestmöglich eingesetzt werden, Angebot und Nachfrage regeln den Preis – und dann sind alle gut versorgt. Aber funktioniert das immer und überall?

M10 Ist der Gebrauchtwagen seinen Preis wert? Woher soll ich das wissen ... ?!

Gebrauchtwagen

Die Ausgangssituation:
Alisa möchte sich zum Abschluss ihrer Ausbildung einen Gebrauchtwagen kaufen, um zukünftig damit zu ihrer Arbeitsstelle zu fahren. Sie weiß, dass es 50 % gute und 50 % schlechte Gebrauchtwagen gibt. Sie ist bereit, für ein schlechtes Auto maximal 2.500 Euro zu bezahlen. Für ein gutes Auto würde sie auch 5.000 Euro bezahlen. Der Verkäufer möchte für schlechte Autos mindestens 200 Euro haben und für gute Autos mindestens 4.000 Euro.
Das Problem:
Leider kann Alisa jedoch die Qualität der Gebrauchtwagen nicht einschätzen, da sich die Haltbarkeit erst im Laufe der Zeit zeigt. Die Motoren der beiden Autos, die sie sich anschaut, klingen normal. Von außen ist kein Unterschied zu erkennen. Alisa ist keine Expertin: Sie geht also ein 50 %-Risiko ein, ein schlechtes Auto zu erwischen und passt ihre Zahlungsbereitschaft daran an. Sie bietet dem Verkäufer 3.750 Euro, also genau in der Mitte.

Matthias Förtsch, Erik Müller, Politik betrifft uns, Ausgabe 6/2015, Bergmoser + Höller Verlag AG, Aachen, S.13

INFORMATIONSASYMMETRIEN

Es gibt Situationen, in denen ein Marktteilnehmer über deutlich mehr Informationen verfügt als ein anderer. Der besser Informierte hat einen Informationsvorsprung, die Bedingungen des Marktes sind gestört. Angebot und Nachfrage können nicht mehr optimal den Preis bestimmen.

M11 Spenden für Wikipedia?!

„Wikipedia ist eine nichtkommerzielle Website, die von der Wikimedia Foundation, einer gemeinnützigen Organisation [...] betrieben wird. Wir werden durch Spenden und Zuschüsse finanziert und unsere Aufgabe ist es, allen Menschen Zugang zu freiem Wissen zu ermöglichen."

https://de.wikipedia.org

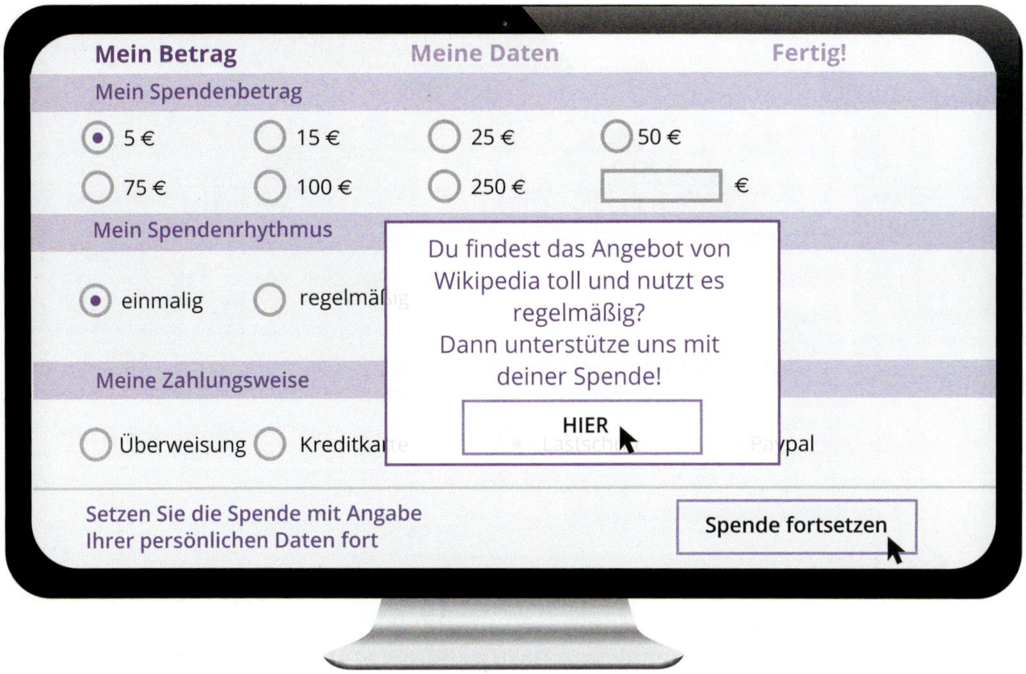

M12 „Wir haben Ihnen einen Deich errichtet"

MARKTVERSAGEN

Das Zusammenspiel von Angebot und Nachfrage kann zu unerwünschten Nebeneffekten führen. Der Markt kann unter bestimmten Bedingungen nicht funktionieren. In diesen Situationen spricht man von Marktversagen.

M13 Wasser, Luft, Licht ... : Haben alle Güter einen Preis?

a

Laternen beleuchten eine Parkpromenade

b

Stacheldraht zur Sicherung einer Grenze

c

Bauarbeiten an einer Straße

ÖFFENTLICHE GÜTER

Es gibt einzelne Güter, die man nutzen oder konsumieren kann, ohne dafür bezahlen zu müssen. Dazu gehören z. B. saubere Luft oder Straßenbeleuchtung. Diese Güter werden als öffentliche Güter bezeichnet. Vom Konsum dieser Güter kann niemand ausgeschlossen werden. Deshalb ist in der Regel niemand bereit, hierfür einen Preis zu bezahlen. In diesen Fällen sorgt der Staat für das Güterangebot und finanziert es durch öffentliche Abgaben.

AUFGABEN

1. Sowohl der Verkäufer als auch Alisa haben ein Interesse daran, das Geschäft abzuschließen (**M10**).
   a) Beschreibe, wie der Verkäufer wahrscheinlich vorgeht.
   b) Beschreibe, wie Alisa reagiert.
   c) Erläutere die Folgen, die dieses Verhalten des Verkäufers langfristig haben kann.

2. Wahrscheinlich hast du schon das Angebot von Wikipedia genutzt (**M11**).
   a) Führt eine kleine Umfrage in der Klasse durch: (Wieviel) Würdet ihr für Wikipedia spenden?
   b) Was unterscheidet das Angebot von Wikipedia von anderen Nachschlagewerken speziell und Gütern im Allgemeinen.

3. Was meinst du: Macht Otto Hilbers ein gutes Geschäft mit seinem Deich-Bau? Begründe (**M12**).

4. Beschreibe, weshalb manche Güter keinen Preis haben (können) (**M13**).

5. Erkläre das Marktversagen am Beispiel eines öffentlichen Gutes deiner Wahl (**M12, M13**).

Welche Macht haben Verbraucher auf „dem Markt"?

Joghurt, Schokoriegel, Softdrinks – für viele Produkte gibt es eine große Auswahl im Angebot. Wir können als Kunde entscheiden, was wir kaufen oder nutzen. Aber was ist, wenn es nun mal nur einen Zug gibt, der mich am Freitag von Freiburg nach Berlin bringt ...? Muss ich dann alle Bedingungen des Anbieters (Preis, Abfahrtszeit, Komfort ...) „in Kauf nehmen"?

M14 Wenn einer den Markt beherrscht ...

a) Googles Stellung auf dem Internetmarkt

Google Inc. ist seit 2015 ein US-amerikanisches Tochterunternehmen von Alphabet Inc. Der Konzern wurde umstrukturiert und in verschiedene Unternehmen aufgeteilt, die jetzt Alphabet angehören. Weiterhin direkt zu Google gehören z. B. Google Search (also die Suchmaschine), Google Maps, Google Apps, YouTube, Android.

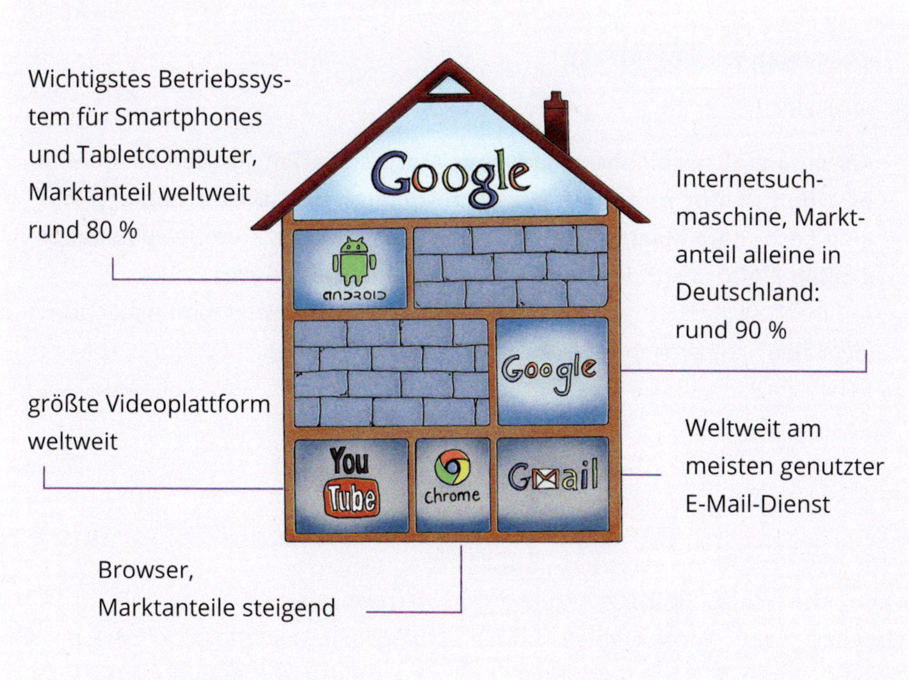

Quelle: Autorengrafik, Zahlen: 2016

b) Verbraucherschützer kritisieren Marktmacht von Google

Der Verbraucherzentrale Bundesverband mahnt Google ab. Der Konzern analysiere „automatisiert Inhalte der Nutzer, zum Beispiel E-Mails [...], um etwa personalisierte Werbung zu platzieren".
Verbraucherzentrale Bundesverband e. V., www.vzbv.de, 26.2.2016

Verbraucherschützer raten vom schnellen Zustimmungs-Klick auf Googles neue Datenschutzhinweise ab. [...] Einige Passagen darin lassen den Verbraucherschützern „die Haare zu Berge stehen".
dpa, www.focus.de, 2.11.2015

Google „schiebt" eigene Angebote, die zumindest aus Sicht der Suchenden häufig [eindeutig] schlechter sind als vergleichbare Angebote von Wettbewerbern, nach ganz oben in die Suchergebnisse. [...]
Robert M. Maier, 3.4.2014, www.faz.net

Wenn jemand meine Telefonnummern, meine Post- und E-Mail-Adressen in seine Google-Kontaktliste einträgt, kann Google wissen, wo ich wohne und wie ich zu erreichen bin. Und wenn sich jemand im Google-Kalender einen Termin mit mir einträgt, kann es wissen, wen ich wann wo treffe, ohne dass ich den Google-Kalender nutzen muss.
Robert M. Maier, 3.4.2014, www.faz.net

Erklärfilm zu Marktformen

Mediencode: 82201-03

MONOPOL

Als Monopol bezeichnet man eine Marktsituation, in der es für ein bestimmtes Gut nur einen einzigen Anbieter gibt. Dieser Anbieter hat eine besondere Macht gegenüber den Nachfragern. Zum Beispiel hat er großen Einfluss auf den Preis und die Qualität des Gutes.
Auf machen Märkten gibt es zwar mehr als einen Anbieter, von denen aber einer eine herausragende Stellung hat – zum Beispiel weil er ein Gut viel besser herstellen kann als alle anderen. Dann spricht man von einem Quasi-Monopol.

M15 Deutsche Bahn bekommt Konkurrenz durch Fernbusse

liberalisieren
von Einschränkungen befreien

Wenn die Bahn künftig häufiger, schneller und komfortabler fährt, dann liegt das vor allem – am Bus. Bis 2030 will die Deutsche Bahn ihr Angebot im Fernverkehr um 25 Prozent ausweiten. Dafür sollen die IC- und ICE-Züge die [größten Städte] künftig im Halbstundentakt miteinander verbinden und zudem wieder stärker die Provinz anfahren, die die Bahn in der Vergangenheit systematisch vom Netz abgekoppelt hat. Außerdem wirbt der Konzern mit Sparpreisen bald schon ab 19 Euro, verspricht kostenloses WLAN im ICE und schafft die Gebühr für die Sitzplatzreservierung ab. [...]
Es sei die „größte Kundenoffensive in der Geschichte des Unternehmens", sagt die Bahn. Allerdings hat sie weniger mit dem Kunden zu tun als vielmehr mit der Konkurrenz. Denn das Geschäft mit den IC- und ICE-Zügen ist in schwerer Bedrängnis, seit der Fernbusmarkt Anfang 2013 liberalisiert wurde und neue Konkurrenten wie FlixBus und andere der Bahn immer mehr Kunden abjagen.
Kerstin Bund, www.zeit.de, 9.4.2015

Ein Fernbus steht am Busbahnhof in Freiburg (Mai 2015). Links fährt ein ICE in den Bahnhof ein.

M16 Haben Verbraucher Macht?

„Bewertungsportale sind fast so wichtig wie Google“

Tagesschau: Fast jeder hat schon einmal ein Bewertungsportal im Internet genutzt – sei es bei der Suche nach einem guten Arzt, einem Hotel oder einem technischen Gerät. Welche Bedeutung haben Kundenbewertungen mittlerweile für die Unternehmen, die da bewertet werden?

Marketing-Experte Christian Bachem: Eine sehr große Bedeutung. Immer mehr potenzielle Kunden machen den Kauf eines Produktes von Online-Bewertungen abhängig. Deshalb setzen Unternehmen seit etwa [2010] immer mehr auf Bewertungs- und Vergleichsportale im Netz, wie zum Beispiel check24 oder holidaycheck. Solche Portale sind mittlerweile die wahrscheinlich wichtigste Anlaufstelle für Kundeninteressen – direkt nach Google.

Interview: Sandra Stalinski, www.tagesschau.de, 1.7.2014

AUFGABEN

1. a) Beschreibe den Einfluss des Google-Konzerns auf den Internetmarkt (**M14a)**).
b) Angenommen, du unterstützt die Kritik der Verbraucherschützer: Erstelle mit einem Partner eine Liste mit Alternativen zu Google-Anwendungen (**M14**).

2. Beurteile die Möglichkeit, als Verbraucher ohne Google im Internet unterwegs zu sein.

3. a) Arbeite heraus, was ein Monopol ist (**M14**, **#Monopol**).
b) Kennst du Monopole aus deinem Alltag? Tausche dich mit deinem Sitznachbarn aus.
c) Beschreibe, inwiefern fehlender Wettbewerb bei deinen Alltagsbeispielen für dich als Verbraucher von Nachteil ist.

4. Was kann passieren, wenn ein Monopol verschwindet?
a) Formuliere eine Vermutung.
b) Überprüfe deine Vermutung am Beispiel der Deutschen Bahn (**M15**).

5. Vergleiche die Macht des Verbrauchers bei Wettbewerb und bei Monopol (**M14, M15**).

6. Haben Verbraucher Macht (**M16**)?
a) Erkläre, wie du als Käufer deine Macht zeigen kannst.
b) Beurteile, inwiefern Verbraucher über Bewertungsportale online ihre Macht nutzen können.

F „Konkurrenz belebt das Geschäft!“ Stimmst du dieser Aussage zu? Begründe.

GRUNDWISSEN

WIE FUNKTIONIERT EIN MARKT?

VERKÄUFER UND KÄUFER TREFFEN SICH AUF DEM MARKT (M1-M5)

Wer das Funktionieren unserer Wirtschaft verstehen möchte, muss den „Markt" anschauen. Unter dem „Markt" versteht man den Ort, an dem Verkäufer und Käufer aufeinandertreffen. Dort werden z. B. Produkte ausgetauscht. Es gibt jeweils Märkte für verschiedene Güter, z. B. den Rohölmarkt, den Apfelmarkt usw. Heute findet man diese Bezeichnungen häufig noch in den Namen für Straßen oder Plätze (Holzmarkt, Pferdemarkt ...). Geld ist das übliche Tauschmittel auf dem Markt. Märkte helfen uns also dabei, unsere Bedürfnisse und Wünsche zu erfüllen.

BETEILIGTE AM MARKTGESCHEHEN (M6-M7)

Die „Spieler" auf dem Marktgeschehen kann man sich wie in einem Kreislauf vorstellen. Im einfachen Wirtschaftskreislauf tauschen Käufer ihr Geld z. B. gegen ein Produkt ein. Das Geld haben sie in der Regel zuvor verdient. Geld und Produkt wechseln also jeweils die Besitzer. Man bezeichnet die Beteiligten als „Haushalte" und „Unternehmen". So versucht man vereinfacht zu erklären, welche Güter und welche Gelder in einer Wirtschaft getauscht werden. Weitere „Mitspieler" in unserer Wirtschaft sind der Staat, das Ausland und die Banken, die ebenfalls Güter und Gelder mit den anderen Beteiligten tauschen.

DER PREIS BILDET SICH AUF DEM MARKT (M8-M9)

Der Preis für ein Gut hängt vom Verhalten der Verkäufer (=Angebot) und Käufer (= Nachfrage) ab. Angenommen, jeder hat alle nötigen Informationen und es gibt viele Anbieter auf dem Markt (also Konkurrenz), dann spricht man von einem „vollkommenen Markt". Auf diesem Markt bildet sich ein Preis, zu dem alle Anbieter all ihre Waren verkaufen und alle Käufer ihre Bedürfnisse befriedigen können. Der wird auch Gleichgewichtspreis genannt, das Verhalten der Beteiligten nennt man Marktmechanismus. Der Markt führt hier zu einer Situation, die die Güter bestmöglich verteilt.

Es gibt aber auch Güter, bei denen dieser Mechanismus so nicht funktioniert.

GRUNDWISSEN

IN BESTIMMTEN FÄLLEN FUNKTIONIERT DER MARKT NICHT (M10-M13)

Normalerweise funktioniert der Markt so: Wenn man den geforderten Preis für ein Gut nicht bezahlt, erhält man das Gut auch nicht. Es gibt aber Güter, die kann man nutzen ohne etwas dafür zu bezahlen. So kann man z. B. niemanden davon ausschließen, einen Vorteil aus der Straßenbeleuchtung oder dem gebauten Deich zu ziehen – diese Güter sind für alle da, man nennt sie öffentliche Güter.

Der Marktmechanismus funktioniert hier nicht: Wenn niemand bereit ist dafür zu bezahlen, würde das Gut eigentlich auch von niemandem angeboten werden – es gäbe also keine Straßenbeleuchtung. Damit diese (wichtigen) öffentlichen Güter trotzdem verfügbar sind, muss der Staat diese Güter bereitstellen.

WETTBEWERB NUTZT DEM VERBRAUCHER (M14-M16)

Wenn es nur einen Anbieter gibt, kann er den Preis und die Qualität für sein Produkt bestimmen. Der Käufer hat dann keine Wahl, sich gegen dieses Produkt zu entscheiden und es bei einem anderen Anbieter zu kaufen. Je mehr Unternehmen das Gleiche anbieten, umso stärker ist der Druck für den Anbieter. Er muss das Produkt ständig verbessern, damit sich der Verbraucher (weiter) für sein Produkt entscheidet. Auch muss er seinen Preis der Wettbewerbssituation anpassen.

In unserer Wirtschaft gibt es für die meisten Angebote Alternativen, also Konkurrenz. Häufig ist die Auswahl so groß, dass die Orientierung für den Käufer schwierig ist. Informationen sind für die Kaufentscheidung daher sehr wichtig. Zum Beispiel im Internet kann sich jeder informieren, Produkte vergleichen und mit anderen Kunden austauschen. Man sagt deshalb, dass Verbraucher heute viel Macht haben.

SELBSTEINSCHÄTZUNG

Im Laufe des vorangegangenen Kapitels hast du dich mit deiner Rolle als Konsument beschäftigt. Schätze ein, wie sicher du dich in den folgenden Bereichen auskennst.

Ich kann ...	Das klappt schon ...	Hier kann ich noch üben ...
... erklären, warum ich wirtschaften muss.		Kapitel 1.1: M4 + M5
... Faktoren nennen, die meine Kaufentscheidung beeinflussen.		Kapitel 1.2: M1-M3; M4-M6; M8-M10, M17
... einen Haushaltsplan erstellen.		Kapitel 1.1: M9-M11
... beschränkte Geschäftsfähigkeit an einem Beispiel beschreiben.		Kapitel 1.3: M1 + M2
... die Möglichkeiten von nachhaltigem Konsum beschreiben.		Kapitel 1.2: M12-M15
... beschreiben, wo ich mich informieren kann, wenn ich mehr über ein Produkt erfahren möchte.		Kapitel 1.3: M10-M13
... erklären, was auf einem Markt passiert und wer daran beteiligt ist.		Kapitel 1.4: M1-M5
... erklären, wie ein Preis entsteht.		Kapitel 1.4: M6-M8
... Bereiche nennen, in denen der Markt nicht funktioniert.		Kapitel 1.4: M10-M13
... analysieren, welche Macht der Verbraucher hat.		Kapitel 1.4: M14-M16

TRAINING

M1 Von der Kaufüberlegung zum Kauf

Hallo,
mein Name ist Homo oeconomicus! Ich denke und handle ausschließlich nach wirtschaftlichen Gesichtspunkten.
Ehe ich mich entscheide, wäge ich wohl durchdacht (1) *gegeneinander ab.*
Mein Ziel ist es, stets eigennützig den (2) *für mich selbst herauszuschlagen.*
Ich handle grundsätzlich rational, das heißt überlegt und vernünftig.
Und außerdem bin ich über die (3) *sowie über die Eigenschaften und* (4) *sämtlicher Güter informiert!*

Aufgaben

1. Ergänze den Lückentext mit folgenden Begriffen: Märkte, Kosten + Nutzen, Preise, größtmöglichen Nutzen
2. Beschreibe die einzelnen Schritte, wie du beim Kauf eines Produkts deiner Wahl vorgehst.

M2 Endlich ist das coole Smartphone meins!

Seit gestern ist Tim 13. Das war eine Party! Eltern und Verwandte haben ihm Geld geschenkt – für einen Herzenswunsch, wie sie ihm versichert haben. Tim ist glücklich. Was keiner weiß: Seit vielen Monaten spart er schon auf ein cooles Smartphone, so eines, wie auch sein Freund Thomas hat. Nun endlich hat er zusätzlich noch 150 Euro. Am Nachmittag geht er in das Handy-Geschäft und kauft sich das lang ersehnte Smartphone.

Voller Stolz zeigt er es seinen Eltern. Aber statt sich mit ihm zu freuen, ist sein Vater entsetzt, die Mutter runzelt die Stirn. Der Vater behauptet sogar, er hätte sich das Smartphone ohne die Erlaubnis seiner Eltern gar nicht kaufen dürfen und fordert ihn auf, das Gerät zum Händler zurück zu bringen.

Tim versteht die Welt nicht mehr. Gestern noch haben sie ihm doch Geld „für einen Herzenswunsch" geschenkt ...

Aufgabe

Tims Vater sagt, Tim muss das Smartphone zurückbringen. Hat er Recht?
Überprüfe auf der Grundlage der Auszüge des BGB, wie sich Tim verhalten muss.

1

© Disney

2

© Disney

3

© Disney

Was weißt du schon?

1. Beschreibe, was Dagobert Duck in den verschiedenen Abbildungen mit seinem Geld macht.

2. Was würdest du mit deinem Geld machen?

a) Entscheide dich für eines der Bilder. Begründe deine Auswahl.

b) Zeichne dein eigenes Bild.

3. Vergleicht eure Bilder, indem ihr Gemeinsamkeiten und Unterschiede benennt.

2

#Wohin mit meinem Geld?

Vielleicht hattest du bereits als Kind eine Spardose. Oder du erinnerst dich an den Weltspartag, an dem du dein Erspartes zur Bank gebracht hast … Mit dem gesparten Geld konntest du dir möglicherweise einen besonderen Wunsch erfüllen. Auch Jugendliche und Erwachsene sparen und legen Geld bei einer Bank an. Sie müssen überlegen, wie viel Geld gespart und auf welche Art und Weise es angelegt werden kann. Aber welche Möglichkeiten gibt es und was musst du beachten?

Was lernst du in diesem Kapitel?

… ob bzw. wann es für dich persönlich sinnvoller ist, dein Geld auszugeben oder zu sparen.

… zu unterscheiden zwischen deinen Interessen als jemand, der Geld anlegen möchte und den Interessen desjenigen, der dir eine Geldanlage verkaufen möchte.

… zu überprüfen, inwiefern du als Geldanleger durch rechtliche Rahmenbedingungen geschützt wirst.

GEMEINSAM AKTIV

Wir führen ein Gespräch zur Anlageberatung

Wenn du aus deinem Geld mehr machen möchtest, kannst du es anlegen. Es gibt verschiedene Produkte zur Geldanlage, diese sind zum Teil kompliziert und schwer zu durchschauen. Ein Anlageberater könnte dir helfen. Er zeigt dir Möglichkeiten auf, wie du dein Geld anlegen kannst. Deshalb muss ein Anlageberater sich auf den Kunden einstellen und mit verständlichen Worten die Zusammenhänge erklären können.

Mithilfe dieses Kapitels könnt ihr gemeinsam eine Bankberatung vorbereiten und euch bei einer Bank eine Beratung einholen. Oder ihr werdet selbst zum Anlageberater und spielt ein Anlageberatungsgespräch nach.

Geht dabei so vor:

1. Trefft zuerst eine Entscheidung, ob ihr euer Geld sparen oder ausgeben wollt. (→ Kapitel 2.1: M1-M3, #Gründe für Sparen, Kompetenz Urteilen)
2. Findet heraus, welche Spartypen es gibt und welche Ziele beim Sparen verfolgt werden. (→ Kapitel 2.2: M1-M3)
3. Findet heraus, welche Sparziele zu welchen Produkten passen. (→ Kapitel 2.2: M4 + M5)
4. Überprüft, ob Aktien eine besonders lohnende Geldanlage sind (→ Kapitel 2.3: M1-M3) und ...
5. ... ob Aktien eine sichere Anlage sind. (→ Kapitel 2.3: M4-M6)
6. Holt euch eine Beratung bei einer Bank ein (Kompetenz) ODER Gestaltet selbst ein Beratungsgespräch und spielt es nach.

2.1 Was kann ich mit (meinem) Geld machen?

Soll ich sparen?

Auch wenn du jetzt noch nicht so viel Geld zur Verfügung hast, bekommst du vielleicht immer mal wieder etwas Geld geschenkt. Du musst entscheiden, was du mit dem Geld machst: gleich ausgeben oder doch lieber sparen?

M1 Sparvertrag oder Party?

Stell dir vor, du bekommst zum Geburtstag 100 Euro geschenkt.

Dein Vater nimmt dich vertrauensvoll zur Seite: „Ich dachte mir, damit können wir gemeinsam zur Sparkasse gehen. Wir eröffnen dir ein Konto und lassen uns beraten, welche Möglichkeiten der Anlage die uns empfehlen. Du bekommst ja ständig was von Tante Bärbel zugesteckt... Und außerdem hast du doch erzählt, dass du dir eine Musikanlage kaufen möchtest."

In der Schule erzählst du deinem besten Kumpel von dem Geschenk, und er ist gleich begeistert: „Das ist ja großartig! Wollten wir nicht schon lange mal eine richtig große Party ausrichten? Dann können wir endlich mal alle einladen ..."

M2 Was spricht für Sparen, was spricht dagegen?

„Für Sparen spricht..."

„Gegen Sparen spricht..."

a ..., dass ich mir größere Wünsche nur durch Sparen erfüllen kann.

b ..., dass ich später so viel verdiene und deshalb jetzt nicht sparen brauche.

c ..., dass ich jetzt leben und nicht immer verzichten möchte.

d ..., dass mir Sparen Sicherheit gibt.

e ..., dass Sparen Spaß macht, weil man sieht, wie aus wenig Geld mehr werden kann.

...

GRÜNDE FÜR SPAREN

Es gibt verschiedene Gründe, warum man spart:
Du willst dir einen bestimmten Wunsch erfüllen: Zum Beispiel brauchst du für einen neuen Computer oder ein brandaktuelles Smartphone einen größeren Geldbetrag.
Du musst dich für unvorhergesehene Situationen absichern: Dein Auto ist kaputt, und jetzt kommst du morgens nicht mehr zur Arbeit ... In Notsituationen und bei unvorhergesehenen Ereignissen benötigt man häufig mehr Geld, als man normalerweise zur Verfügung hat.
Du sparst fürs Alter: Deine Oma ist schon ganz schön gebrechlich, sie will aber unbedingt nochmal nach Paris. Diese große Reise kann sie sich von ihrer Rente aber kaum leisten. Sparen fürs Alter ist wichtig, damit du dir auch im Alter noch Wünsche erfüllen kannst.

M3 Wann sparen? Wann ausgeben?

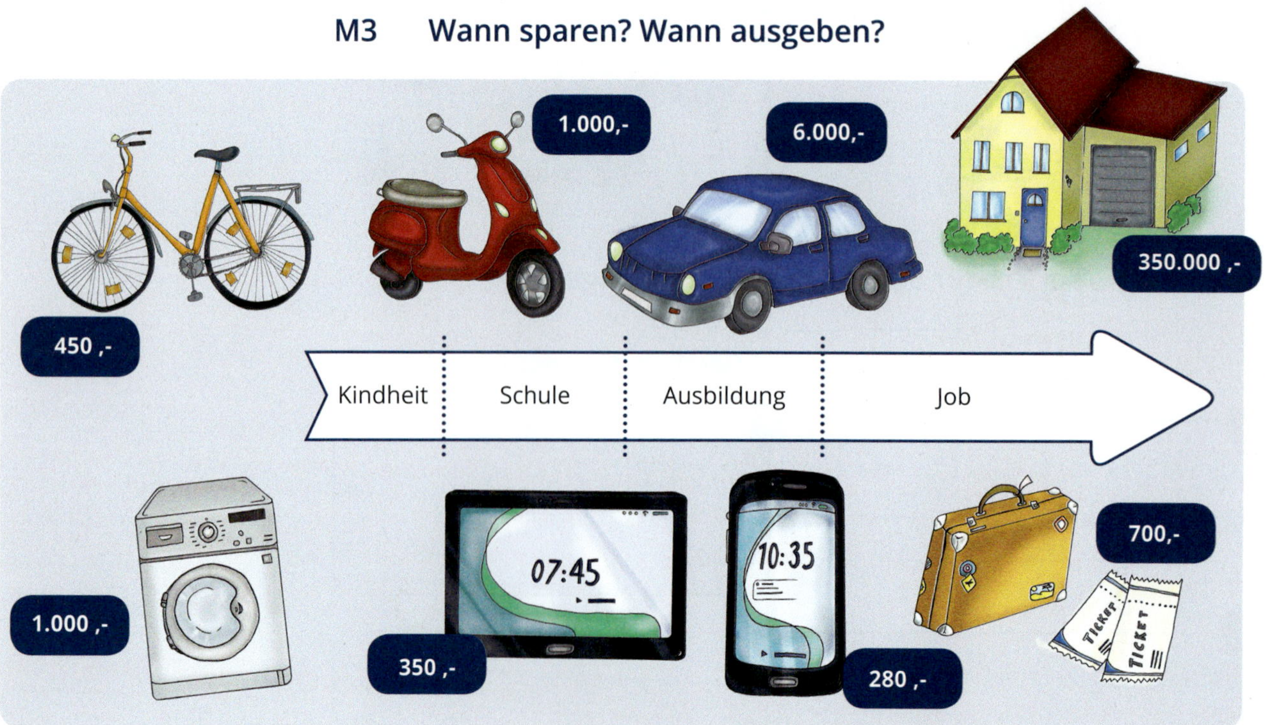

KOMPETENZ: Urteilen

Argumente nennen, zuordnen und gewichten

1. **Argumente sammeln:**
Notiere dir alle Argumente, die dir im Hinblick auf die Fragestellung wichtig erscheinen.
2. **Argumente nach Pro/Kontra ordnen:**
Erstelle dazu eine zweispaltige Tabelle. Schreibe als Überschrift der ersten Spalte „Argumente dafür", als Überschrift der zweiten Spalte „Argumente dagegen". Ordne die Argumente in die entsprechende Spalte.
3. **Argumente gewichten:**
Ordne jeweils die Pro-/Kontra-Argumente entsprechend ihrer Wichtigkeit, indem du deine Argumente nummerierst. Fange mit dem für dich wichtigsten Argument an (1). Genauso verfährst du mit der Kontra-Seite.
4. **Begründen:**
Nenne die Gründe, weshalb du deine Argumente so gewichtet hast.
5. **Entscheiden:**
Hier musst du dich für eine Seite entscheiden. Prüfe, welches der Argumente dich am meisten überzeugt. Ist es ein Pro oder ein Kontra-Argument?
6. **Urteil formulieren:**
Begründe deine Entscheidung. (Hinweis: Andere können für sich zu einem anderen Urteil kommen, wichtig ist deshalb deine sorgfältige und für andere nachvollziehbare Begründung.)

Argumente dafür (Pro)	Argumente dagegen (Kontra)
z. B. *Ich brauche Geld für den Notfall.* *Ich möchte eine längere Reise unternehmen.*	*z. B.* *Ich habe alles, was ich brauche.* *Ich möchte jetzt auf nichts verzichten.*
...	

AUFGABEN

1. Wie verhältst du dich (**M1**)?
   a) Formuliere jeweils eine Antwort an deine Eltern und an deine Freunde, in der du deine Entscheidung auch begründest.
   b) Formuliere Antworten für den Fall, dass du 30 Jahre älter bist und eine eigene Familie hast.
2. a) Erstelle eine Pro-/Kontra-Liste zum Thema Sparen (**M2**).
   b) Ergänze weitere Aussagen.
3. a) Ordne die Wünsche (**M3**) den verschiedenen Lebenssituationen (Kindheit, Schulzeit, etc.) zu.
   b) Begründe, in welchen Lebenssituationen du dich wahrscheinlich eher für das Sparen, und wann eher für das Ausgeben entscheiden wirst.
4. Beurteile, ob du jetzt sparen solltest.

H **zu Aufgabe 1a)**
Du könntest so beginnen: Ich antworte meinen Eltern, dass .../Ich antworte meinen Freunden, dass ...

H **zu Aufgabe 3a)**
Ich würde mir einen Motorroller wünschen, wenn ich in der Ausbildung bin, damit ich schneller zu meinem Arbeitsplatz komme.

F Erörtere, ob du sparen sollst (**M1, M2, #Gründe für Sparen.**)

Wann soll ich ein Girokonto eröffnen?

Ganz egal, ob du Geld für einen Ferienjob bekommst oder später ein Einkommen erhältst und Miete zahlst: Diese Zahlungsvorgänge werden in der Regel über ein Girokonto abgewickelt. Hast du schon ein Girokonto?

M4 Wie bezahlst du?

Situation 1

Du kaufst beim Bäcker eine Brezel.

Situation 2

Du willst mit dem Zug fahren und kaufst dir eine Fahrkarte.

Situation 3

Du bezahlst dein Mittagessen in der Mensa.

 # GIROKONTO

**Ein Girokonto ist ein Konto zum bargeldlosen Bezahlen.
Jugendliche bis 18 Jahre benötigen zur Eröffnung eines Girokontos die Zustimmung der gesetzlichen Vertreter, in der Regel also der Eltern. Schüler müssen häufig keine Gebühren für das Konto zahlen. Du kannst nur so viel Geld ausgeben, wie du auf deinem Konto hast.**

M5 Wer hat ein Girokonto?

Umfrage unter Jugendlichen
Angaben in Prozent

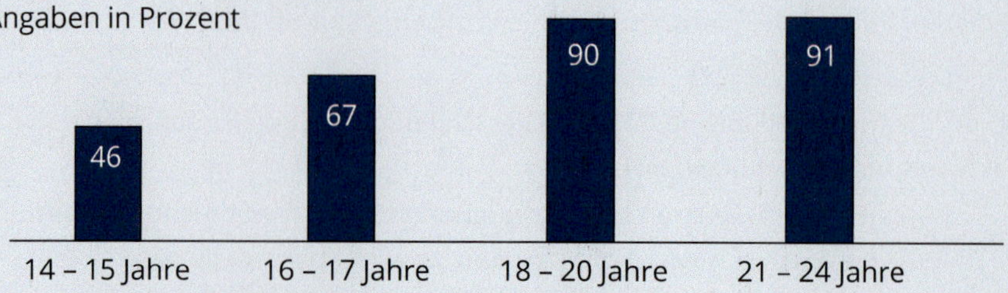

Zahlen: Bundesverband deutscher Banken, 2015

M6 Welche Angaben benötige ich für eine Überweisung?

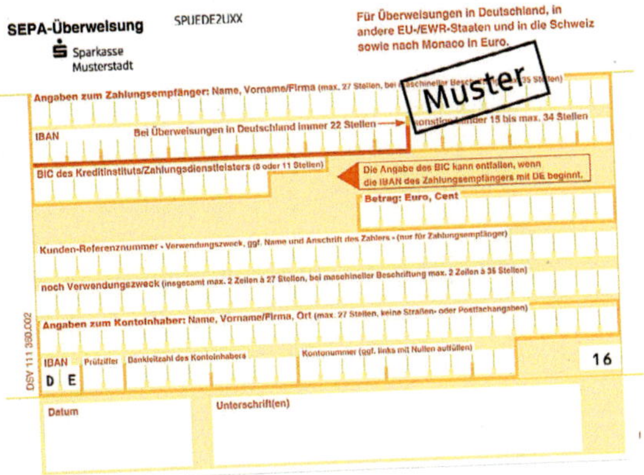
SEPA-Überweisung
SPUEDE2UXX
Sparkasse Musterstadt
Für Überweisungen in Deutschland, in andere EU-/EWR-Staaten und in die Schweiz sowie nach Monaco in Euro.
Muster
Angaben zum Zahlungsempfänger: Name, Vorname/Firma (max. 27 Stellen, bei maschineller Beschriftung max. 35 Stellen)
IBAN Bei Überweisungen in Deutschland immer 22 Stellen → sonstige Länder 15 bis max. 34 Stellen
BIC des Kreditinstituts/Zahlungsdienstleisters (8 oder 11 Stellen)
Die Angabe des BIC kann entfallen, wenn die IBAN des Zahlungsempfängers mit DE beginnt.
Betrag: Euro, Cent
Kunden-Referenznummer - Verwendungszweck, ggf. Name und Anschrift des Zahlers - (nur für Zahlungsempfänger)
noch Verwendungszweck (insgesamt max. 2 Zeilen à 27 Stellen, bei maschineller Beschriftung max. 2 Zeilen à 35 Stellen)
Angaben zum Kontoinhaber: Name, Vorname/Firma, Ort (max. 27 Stellen, keine Straßen- oder Postfachangaben)
IBAN D E Prüfziffer Bankleitzahl des Kontoinhabers Kontonummer (ggf. links mit Nullen auffüllen) 16
Datum Unterschrift(en)
DSV 111 350.002

Fatih (16) hat in einer Kleinanzeige im Internet genau die Kopfhörer gefunden, die er schon lange gesucht hat. Der Preis stimmt auch.
Der Anbieter wohnt in Berlin und würde ihm die Kopfhörer per Post schicken. Jetzt muss er noch bezahlen …
Fatih Bellarabi (er führt ein Girokonto bei der Kreissparkasse Reutlingen; BIC: SOLADES1REU; IBAN: DE44 6405 0000 1234 5678 90) möchte an Jens Merkel (den Verkäufer der Kopfhörer) 40 Euro für Kopfhörer überweisen. Jens hat sein Konto bei der Sparda-Bank Berlin (BIC: GENODEF1S10; IBAN: DE66 1209 6597 9876 5432 10)

BARGELDLOS ZAHLEN

Wer ein Girokonto hat, kann auch ohne Bargeld bezahlen.
Zum Beispiel gibt es verschiedene Karten mit Chip oder Magnetstreifen. Der Kontoinhaber muss beim Zahlen eine Geheimnummer angeben.
Ohne Bargeld funktionieren auch Überweisungen. Bei der Überweisung wird ein Betrag von dem einen Konto abgezogen und bei dem anderen Konto gutgeschrieben.
Für eine Überweisung müssen beide ein Girokonto haben – derjenige, der zahlt, und derjenige, der das Geld bekommt.
Wenn ein Betrag z. B. jeden Monat gezahlt werden muss, wie die Miete, kann man der Bank einen Dauerauftrag erteilen. Die Bank überweist dann selbstständig jeden Monat diesen Betrag.

M7 Was bringt mir ein Girokonto?

a
Lisa (15) hat ihr Girokonto ganz neu eröffnet, darauf liegen alle Geldgeschenke von Weihnachten. Die Geheimnummer der Bankkarte konnte sie sich nicht gleich merken. Sie hat sie auf einem Klebezettel auf der Karte notiert und in den Geldbeutel gesteckt. Eines Tages vergisst sie ihren Rucksack in der Umkleidekabine …

b
Ines (45) beginnt am 1.Februar bei einer neuen Arbeitsstelle. Ihr neuer Chef fragt, wohin er denn ihr Gehalt auszahlen kann …

c Hannes (19) hat seine Ausbildung begonnen und verdient sein erstes Geld. Endlich kann er sich seine Wünsche erfüllen: Das neue Computerspiel, die coolen Schuhe und die Lederjacke. Mit der Bankkarte braucht er sich auch nicht kümmern, ob er genug Geld dabei hat. Beim nächsten Einkauf gibt ihm die Verkäuferin die Karte zurück: „Tut mir leid, auf dem Konto ist kein Geld mehr ..."

d Hatice (18) möchte von zu Hause ausziehen, und das so schnell wie möglich! Zusammen mit einer Freundin hat sie eine kleine Wohnung gefunden. Die Miete wollen sie von ihren Jobs im Kino und im Café bezahlen, das Geld müsste ausreichen. Der Vermieter sagt aber, das geht leider nicht ...

e Noah (25) zieht vom Wohnheim in seine erste eigene Wohnung. Er muss sich um alles kümmern: Internetanschluss, Strom, Wasser ... Und jetzt soll er auch noch jeden Monat daran denken, die Gebühren zu bezahlen ...?!

f Nicole (35) ist mir ihren Freundinnen auf dem Weihnachtsmarkt verabredet. Zuerst wollen sie einen Punsch trinken, danach die Weihnachtseinkäufe erledigen. Als sie zahlen möchte, ist ihre Tasche offen und der Geldbeutel fehlt. Zum Glück hatte sie nicht so viel Bargeld dabei ...

g Nesrin (28) hat ein Kind bekommen. Die Ausgaben im letzten Monat waren hoch: die neuen Möbel, die Pflegeprodukte... Zum Glück konnte sie alles bezahlen. Am Ende des Monats kontrolliert sie den Kontoauszug und erschrickt: Das Konto ist im Minus, und die Gebühren für das geliehene Geld sind sehr hoch!

Vorteile eines Girokontos	Risiken eines Girokontos
...	...
...	...
...	...

AUFGABEN

1. Begründe für die verschiedenen Situationen, wie du bezahlst (**M4**).
2. Musstest du schon mal bargeldlos bezahlen? Beschreibe.
3. a) Beschreibe die Grafik (**M5**).
   b) Nenne mögliche Gründe, warum das Girokonto je nach Alter unterschiedlich genutzt wird.
4. Fülle eine Kopie des Überweisungsträgers für Fatih aus (**M6**), der seine Kopfhörer bezahlen möchte.
5. Arbeite zusammen mit einem Partner: Erstellt eine Liste mit Vorteilen und Risiken eines Girokontos (**M4-M7**).

H zu Aufgabe 3b)
Beziehe die verschiedenen Lebenssituationen in deine Überlegungen mit ein.

Online-Banking: Warum überhaupt noch in die Filiale gehen?

Deine Eltern haben früher wahrscheinlich ihre Eltern in die Filiale der Sparkasse am Ort begleitet. Die Eltern haben Geld eingezahlt, überwiesen oder abgehoben, die Kinder haben von der Frau am Schalter das neueste Heft des KNAX-Comics geschenkt bekommen. Heute muss man für Bankgeschäfte nicht mal mehr vor die Haustür gehen: Die meisten Geldgeschäfte kann man über das Internet erledigen. Aber wie geht das?

M8 Die direkte Verbindung zur Bank

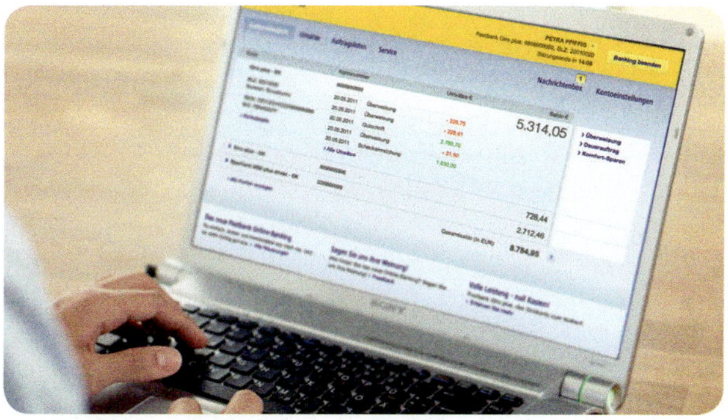

Bildschirmansicht der Kontoübersicht, hier bei der Postbank.

Für jeden Auftrag benötigt man eine Transaktionsnummer. Diese wird hier zum Beispiel mit einem Gerät elektronisch erstellt, das Verfahren heißt chipTAN.

M9 Wie funktioniert das?

Eine Überweisung in Auftrag geben:

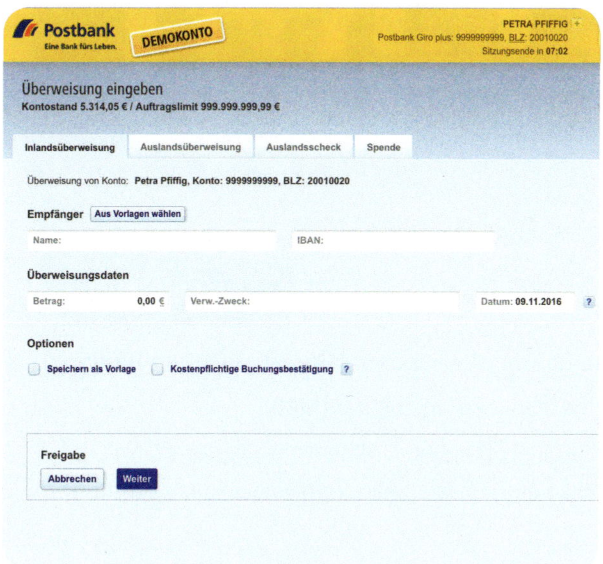

Einen Dauerauftrag einrichten:

ONLINE-BANKING

Wenn du dein Konto per Internet (Online) führst, suchst du als Kunde über eine App oder eine Internetseite deine Bank auf. Das wird als Online-Banking bezeichnet. Du meldest dich dort mit Zugangsdaten an, die nur dir bekannt sind. Häufig sind dies die Kontonummer und eine Geheimzahl. Dann erledigst du deine Bankgeschäfte und meldest dich schließlich wieder ab.

Damit die Bankgeschäfte von niemandem verfälscht werden können, gibt es verschiedene Verfahren. Für jeden Auftrag benötigst du in der Regel eine neue TAN (Transaktionsnummer).

M10 Nur noch Online-Banking?

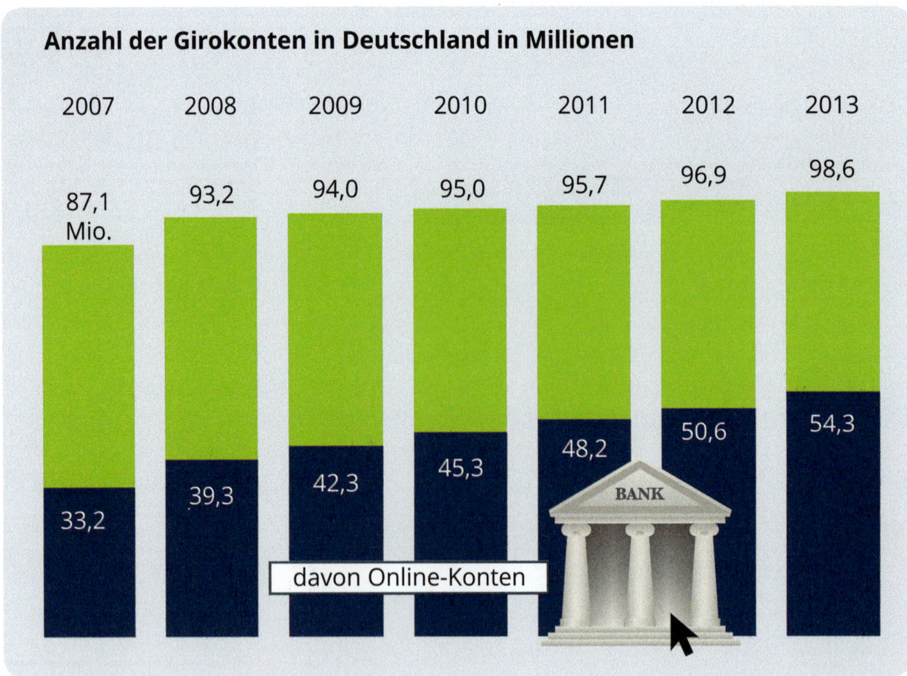

Quelle: Bundesbank, Globus-Grafik 6628

AUFGABEN

1. Beschreibe, wie Online-Banking funktioniert (**M8, M9, #Online-Banking**).
2. Stelle die Entwicklung des Online-Banking dar (**M10**).
3. Ein Freund hat den Überblick über sein Online-Konto verloren, weil das Bezahlen ohne Bargeld so einfach ist … Rate ihm, wie er das zukünftig vermeiden kann.

GRUNDWISSEN

WAS KANN ICH MIT (MEINEM) GELD MACHEN?

GELD KANN MAN SPAREN ODER AUSGEBEN (M1-M3)

Ob wir unser Geld sparen oder lieber ausgeben, ist eine grundsätzliche Entscheidung. Sie hängt von vielen Faktoren ab, z. B. auch von der jeweiligen Lebenssituation, in der man sich befindet.

Manchmal möchte man sich einen größeren Wunsch erfüllen, für den man Geld sparen muss. Wenn man unerwartet schwer erkrankt, kann man vielleicht nicht mehr für sich alleine sorgen. Wer daran denkt, legt Geld für solche Situationen zurück. Auch im Alter kann man wahrscheinlich nicht mehr so viel Geld verdienen, wie man zu einem guten Leben benötigt. Sparen kann also in vielen Lebenssituationen sinnvoll sein.

Besonders sinnvoll ist diese Vorsorge, wenn man gerade mehr Geld zur Verfügung hat. Oder wenn man Pläne hat, die viel Geld kosten oder die die Verdienstmöglichkeiten einschränken.

OHNE EIN GIROKONTO GEHT VIELES NICHT (M4-M7)

Viele Zahlungsvorgänge erfolgen heute ohne „richtiges" Geld, sondern über ein Girokonto. So nennt man ein Konto zur bargeldlosen Bezahlung.

Man kann Geld überweisen, dann wird ein Betrag von einem Konto abgezogen und beim anderen gutgeschrieben. Oder man kann dem Stromanbieter die Erlaubnis erteilen, jeden Monat den fälligen Betrag abzubuchen. Das nennt man eine „Einzugsermächtigung". Sie ist eine der sichersten Zahlungsmöglichkeiten. Falsche Buchungen kann man ohne Probleme zurückfordern.

Jugendliche benötigen für ein Girokonto die Zustimmung ihrer Eltern. Und sie können nur so viel Geld von ihrem Girokonto ausgeben, wie sie auch auf dem Konto haben.

SO FUNKTIONIERT ONLINE-BANKING (M8, M9)

Immer weniger Bankgeschäfte werden persönlich in einer Bankfiliale getätigt. Viele Leute nutzen das Online-Banking. Sie geben Zugangsdaten auf der Internetseite ihrer Bank ein und überweisen Geld, stellen Daueraufträge ein oder legen Geld an.

Es gibt verschiedene Verfahren, um die Online-Geschäfte sicher zu gestalten. Mit den geheimen Zugangsdaten muss man unbedingt sorgfältig umgehen.

Die Beratung zu verschiedenen Möglichkeiten der Anlage oder Risiken kommt online jedoch häufig zu kurz. Um eine gute Entscheidung treffen zu können, sollte man direkt mit einem Bankberater sprechen.

2.2 Wie kann ich aus meinem Geld mehr machen?

Geldanlagen: Die Qual der Wahl ...

„Hohe Rendite, jederzeit verfügbar, kaum Risiko!“ So oder so ähnlich könnte eine Werbung für eine Geldanlage aussehen. Das klingt gut! Aber was genau heißt das eigentlich? Und ist es für dich derzeit überhaupt wichtig, dass dein Geld „jederzeit verfügbar“ ist? Oder kann und soll das Geld zum Beispiel bis zu deinem 17. Geburtstag sowieso auf der Bank liegen bleiben und dir deinen Führerschein finanzieren? Eine Entscheidung für eine Geldanlage hängt also ganz stark davon ab, was deine konkrete Situation ist ...

M1 Welcher Spar-Typ bist du?

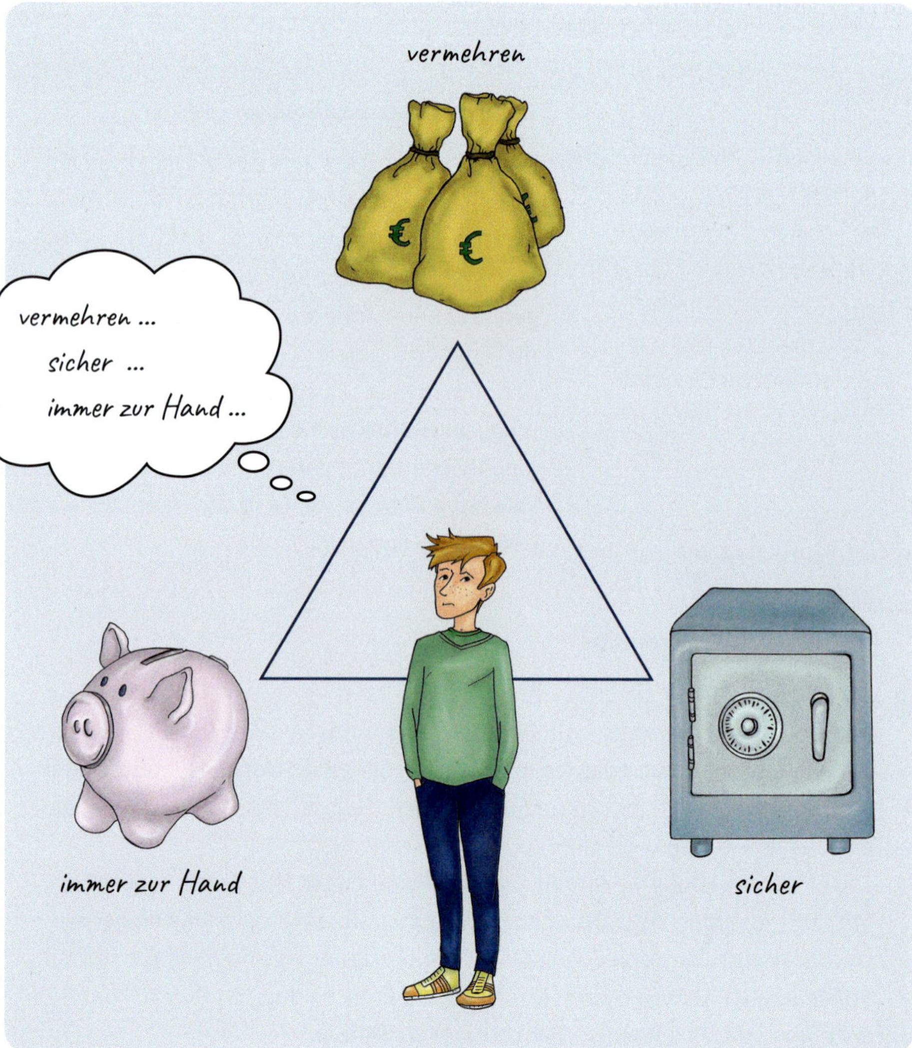

Autorengrafik

M2 Welche Ziele verfolgst du beim Sparen?

Dein Interesse / deine Ausgangssituation	Sparziel	mögliche Geldanlage
Wenn du immer und jederzeit auf das gesparte Geld zurückgreifen willst, musst du eine Geldanlage wählen, …	… die dir garantiert, dass dein Geld immer flüssig (= liquide) ist.	Das kannst du mit einem Girokonto, Bargeld oder Tagesgeldkonto erreichen.
Wenn du darauf aus bist, angelegtes Geld zu vermehren und dabei auch Risiken (z. B. Geldverlust) eingehen willst, …	… dann musst du eine Geldanlage wählen, die dir einen möglichst hohe Ertrag (= Rentabilität) verspricht.	Dafür bieten sich z. B. Aktien an.
Wenn du später auf dein Geld zurückreifen möchtest, etwa weil du für die Zukunft vorsorgst, legst du dein Geld in Produkte an, …	… die Sicherheit garantieren.	Bausparverträge, Renten- oder Lebensversicherungen sind dafür eine Möglichkeit.

MAGISCHES DREIECK

Das Geld soll verfügbar sein, die Gewinne und die Sicherheit hoch – alles zusammen funktioniert in der Regel nicht. Man kann diese Situation auch als „magisches Dreieck“ bezeichnen: eine Verwirklichung aller drei Ziele zugleich ist unrealistisch. Vor allem die Sicherheit und die Gewinnaussichten stehen oft in einem Widerspruch.
Wenn du Geld anlegen willst, lässt du dich von verschiedenen Motiven leiten. Du berücksichtigst dabei Liquidität, Rentabilität und Sicherheit und möchtest dein Vermögen entsprechend dieser Faktoren aufteilen. Damit befindest du dich in einem Spannungsverhältnis.

M3 Vorsicht bei der Anlage-Beratung

Karikatur: Thomas Plaßmann

KOMPETENZ: Methode

Karikaturen analysieren

Karikaturen sind Meinungsäußerungen von Zeichnern. Die Künstler wollen damit etwas aussagen und erreichen. Manchmal wollen sie den Betrachter zum Schmunzeln bringen. Häufig soll eine Diskussion über bestimmte Themen / Probleme ausgelöst werden. Oft wollen Karikaturen aber auch Kritik an irgendetwas/ irgendwem üben.
Schwierig an Karikaturen ist oft, dass die Zeichner genau das Gegenteil von dem abbilden, was sie eigentlich sagen wollen (das nennt man Ironie).
Eine Karikatur analysierst du immer nach demselben Muster:

Schritt 1: Beschreibe die Karikatur, ohne auf Details einzugehen. Beantworte hierzu u. a. folgende Fragen:
- *Was ist zu erkennen (Personen, Ort, Zeichen ...)?*
- *Was wird gesagt und getan?*
- *Was fällt noch auf?*

Schritt 2: Erläutere, was der Zeichner aussagen und was er erreichen will. (Unterhaltung? Probleme auf den Punkt bringen? Kritik üben? ...)

Schritt 3: Bewerte die Karikatur. Ist sie lustig/ gelungen/ korrekt/ ...? Hat der Zeichner deiner Meinung nach Recht? Fehlen wichtige Aspekte?

Beispiel:
Karikatur zur Anlageberatung (M3)

Schritt 1: Zwei Menschen befinden sich in einem Raum. Der Mann mit Anzug sitzt hinter einem Schreibtisch, auf dem viele Blätter liegen. Hinter den Blättern steht ein Schild mit „Angebote“. Über dem Mann hängt ein Schild „Anlageberatung“. Der Mann hinter dem Schreibtisch streckt (anbietend) die Arme aus. Der Mann im Vordergrund hält eine Markierungsstange mit Fahne in der Hand. Vor ihm liegt ein großes Plakat, auf dem eine Skala abgebildet ist, die von „Sicherheit“ bis „Chance“ reicht. Darunter steht „Wo stehen Sie?“.

Schritt 2: Der Karikaturist zeigt, dass es viele verschiedene Anlagemöglichkeiten gibt. Der Anleger muss sich vor einer Beratung über seine Grundhaltung im Klaren sein (Sicherheit, Risiko ...). Er weist daraufhin, dass bei einer Anlageberatung Vorsicht geboten ist, indem er den beschönigenden Begriff „Chance“ verwendet.

Schritt 3: (individuelle Antworten; wahrscheinlich musst du mehr über die vorhandenen Möglichkeiten der Geldanlage wissen)

F zu Aufgabe 3:
Erläutere, warum man die Ziele der Vermögensanlage auch als magisches Dreieck bezeichnet (**M1, M2, #Magisches Dreieck**).

H zu Aufgabe 4
Überlege zunächst, was genau in der Karikatur mit „Chance“ gemeint ist. Kannst du einen anderen Begriff finden?

AUFGABEN

1. Stell dir vor, du hättest 1.000 Euro zur Verfügung. Wohin mit dem Geld (**M1**)? Nimm dir „dein“ Geld und verteile es.
2. Erläutere, welches Ziel dir beim Geldanlegen besonders wichtig ist (**M2**).
3. Stelle dar, weshalb die Sparziele (Liquidität, Sicherheit, Rentabilität) immer im Konflikt zueinander stehen (**M1, M2**).
4. Was würdest du dem „Anlageberater“ entgegnen: Setzt du auf Sicherheit oder auf Chance (**M3**)? Schau dir zunächst die **Methode: Karikaturen analysieren** an.

Welche Produkte passen zu meinen Sparzielen?

Stell dir vor, deine Oma geht mit 50 Euro zur Bank: „Ich habe gehört, mit Aktien kann man beim Sparen die meisten Gewinne erzielen. Ich habe gerade etwas Geld übrig. Davon möchte ich jetzt Aktien kaufen." Sparen kann sich lohnen, wenn man es richtig macht. Aber was bedeutet „richtig"? Denn bestimmte Formen der Geldanlage passen nur zu bestimmten Sparzielen und nicht zu jeder Lebenssituation.

M4 Welche Geldanlage in welcher Lebenssituation?

Situation a	Situation b	Situation c
Koch-Auszubildender im 3. Lehrjahr, 18 Jahre, lebt in einer WG, keine Schulden, keine größeren Ersparnisse, Ausbildungsgehalt in Höhe von derzeit 720 Euro, kann monatlich 50 Euro sparen	Junge Familie, beide Eltern Mitte 30, zwei Kinder im Grundschulalter, beide Eltern berufstätig, leben in einer Mietwohnung, monatlich zur Verfügung stehendes (Haushaltsnetto-)Einkommen von 3.400 Euro, sie benötigen alles zur Deckung der laufenden monatlichen Kosten, geerbte 50.000 Euro stehen für eine Sparanlage zur Verfügung	Älteres Ehepaar (Mitte 70), beide Rentner, eigenes Reihenhaus, ohne Schulden, nach Abzug aller laufenden Kosten stehen monatlich 1.200 Euro zur freien Verfügung, evtl. auch für Sparanlagen

ZINSEN

Zinsen sind eine Art „Miete" für Geld. Die Bank leiht sich von dir Geld, wenn du eine Geldanlage bei der Bank tätigst. Die Bank kann mit deinem Geld arbeiten, bis du es wieder abhebst. Dafür zahlt sie dir einen Betrag. Der ist abhängig von der Höhe der Geldanlage. Auch wenn du dir Geld leihst, musst du dafür zahlen. Das nennt man auch Zinsen.

Zins ist das Geld, das der Schuldner dem Gläubiger für das zeitweise überlassene Geld zahlt.

M5 Wie kannst du dein Geld anlegen? Einige Möglichkeiten im Überblick

Das Sparbuch

So funktioniert es:
Die Bank schreibt das eingezahlte Geld deinem Sparbuch gut.
Je nachdem, wie hoch der aktuelle Zinssatz ist, bekommst du am Ende des Jahres (oder des Quartals) Zinsen für dein Guthaben.

So kannst du darauf zugreifen:
Du kannst jederzeit darauf zugreifen, dafür gibt es aber auch kaum Zinsen auf dein Guthaben.

Dieses Sparziel wird damit verfolgt:
Immer zur Hand haben (Liquidität)

Das Festgeldkonto

So funktioniert es:
Du vereinbarst mit deiner Bank, einen bestimmten Geldbetrag für einen festen Zeitraum mit einem festgelegten Zinssatz anzulegen. Dieser Geldbetrag muss während der gesamten Zeit bei der Bank verbleiben. Je länger du dein Geld dort lässt, desto mehr Zinsen bekommst du in der Regel dafür.

So kannst du darauf zugreifen:
Dein Geld und die dafür erhaltenen Zinsen stehen dir erst nach Ablauf des vereinbarten Zeitraums zur Verfügung.

Dieses Sparziel wird damit verfolgt:
Geld liegen lassen und vermehren

Der Bausparvertrag

So funktioniert es:
Mit einem Bausparvertrag kannst du dem Kauf einer eigenen Wohnung oder eines Hauses näher kommen. Du vereinbarst mit der Bank eine bestimmte Summe. Die Hälfte dieser Summe sparst du mit regelmäßigen Beiträgen an, dafür erhältst du auch Zinsen. Wenn du deine Hälfte einbezahlt hast, kannst du die andere Hälfte als Darlehen erhalten, dir also von der Bank leihen.

So kannst du darauf zugreifen:
Du kannst erst über das Geld verfügen, wenn du deine Hälfte einbezahlt hast.

Dieses Sparziel wird damit verfolgt:
Sicherheit

Die Aktie

So funktioniert es:
Du kaufst dir über eine Bank Aktien einer oder mehrerer Firmen und bist damit deren Mitbesitzer.
Wie viel deine Aktien Wert sind, hängt davon ab, wie gut es der Firma geht. Kann sie viel Gewinn machen, steigt auch der Wert ihrer Aktie und somit dein eingesetztes Geld. Geht es der Firma schlecht, verliert deine Aktie ihren Wert.

So kannst du darauf zugreifen:
Du kannst deine Aktien jederzeit verkaufen. Allerdings zahlst du für jeden Kauf und Verkauf eine Gebühr. Es ist besser, wenn du Aktien über einen langen Zeitraum behältst. Dann kannst du auch Rückschläge an der Börse wegstecken.

Dieses Sparziel wird damit verfolgt:
Vermehren, verbunden mit hohem Verlustrisiko

AKTIE

Eine Aktie ist ein „Wert-Papier". Wer eine Aktie besitzt, dem gehört ein Teil einer Firma. Je mehr Aktien jemand von einer Firma besitzt, desto mehr gehört ihr oder ihm von der Firma. Der Preis einer Aktie wird auch als Kurs bezeichnet. Wie viel eine Aktie jeweils wert ist, ergibt sich daraus, wie viele Leute diese Aktie kaufen wollen.

Aktien sind also Anteilsrechte an einer Aktiengesellschaft. Sie zerlegen das Vermögen der Firma in kleinere Anteile und stehen für die Rechte an der Teilhabe. Der Kurs der Aktie selbst wird im Börsenhandel ständig neu gebildet.

Erklärfilm zu Aktien

Mediencode: 82201-04

M6 Wie die Deutschen ihr Geld anlegen

Welche der folgenden Geldanlagen besitzen Sie zur Zeit (Auswahl)**?**

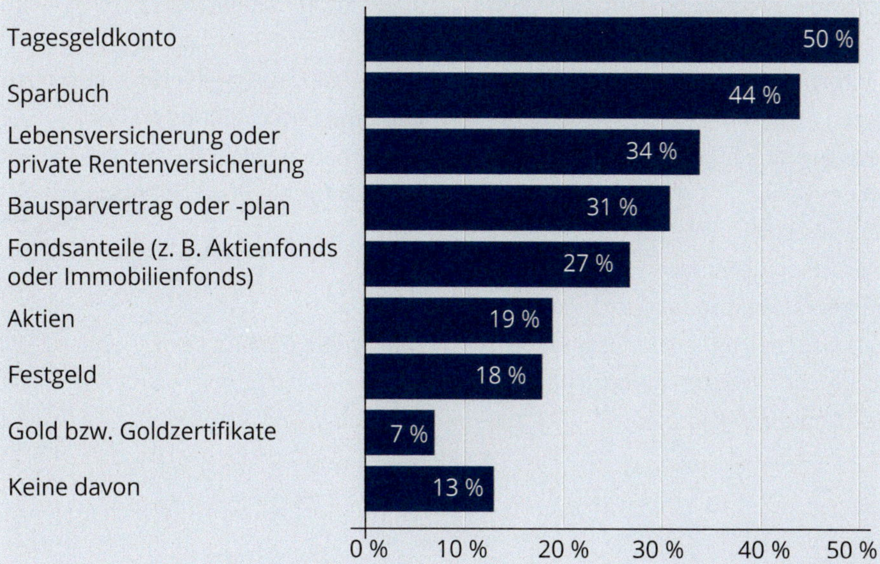

Zahlen: Bundesverband deutscher Banken, 2015

AUFGABEN

1. Begründe für jede der Lebenssituationen, ob Sparen sinnvoll ist (**M4**).
2. Du erbst 10.000 Euro. Für welche Geldanlage entscheidest du dich?
   a) Vergleiche die Anlageformen (**M5**).
   b) Entscheide dich für eine mögliche Geldanlage.
   c) Begründe deine Auswahl.
3. Zu welcher Form der Geldanlage (**M5**) würdest du den Personen (**M4**) jeweils raten? Erläutere deine Empfehlung.
4. Beschreibe, wie die Deutschen ihr Geld anlegen (**M6**).

H zu Aufgabe 2a)
Stelle die Anlageformen einander gegenüber: Wie sicher sind sie (Sicherheit)? Wie flexibel sind sie (Liquidität)? Wie hoch sind die Erträge (Rentabiliät)?

F Stell dir vor, du hast dich für eine Geldanlage in Aktien entschieden. Erläutere, wie wichtig es dir ist, was und wie das Unternehmen produziert.

KOMPETENZ: Urteilen

Anlageberatung bei der Bank einholen

Geldanlegen ist ein bisschen wie ein Puzzlespiel: Es gehören viele Teile dazu, bis man wirklich einen Überblick hat. Ein Gespräch bei der Bank kann helfen, die notwendigen Puzzleteile zusammenzusammeln.

1. Ziel eines Beratungsgesprächs formulieren:
Weshalb gehe ich zur Bank?
Zum Beispiel: Möchte ich ein Konto eröffnen, eine EC-Karte beantragen, Geld anlegen oder möchte ich mir Geld leihen?

2. Informationsbedarf feststellen und Fragen notieren:
Wozu genau benötige ich Informationen von der Bank?
Zum Beispiel: Welche Bedingungen muss ich erfüllen, wenn ich mich für ein konkretes Bankprodukt entscheide (Mindestanlagebetrag, Mindestdauer der Anlage ...)? Welche monatlichen/jährlichen Gebühren kommen auf mich zu?

3. Einen Termin bei der Bank vereinbaren:
Wann kann ich zu einem Beratungsgespräch kommen? Wichtig: vor dem Telefonat mögliche Termine notieren, nach dem Telefonat den vereinbarten Termin notieren.

4. Zum Beratungsgespräch gehen:
Nimm die Notizen aus Punkt 2 als Orientierung zum Gespräch mit.
Wichtig: Die Bank muss bei Gesprächen über Wertpapiere ein Protokoll führen (mehr dazu in Kapitel 2.3).

5. Das Beratungsgespräch auswerten und eine Entscheidung treffen:
Argumente gewichten und sich gegebenenfalls für ein Produkt entscheiden.

Wie war die Qualität deiner Beratung? Wie du den Anlegerschutz beurteilen kannst, lernst du in Kapitel 2.3.

AUFGABEN

1. Entscheidet euch für ein Finanzprodukt aus Kapitel 2.2. Bereitet zu diesem Produkt ein Beratungsgespräch bei einer Bank vor.
   TIPP: Eine umfangreiche Checkliste zur Geldanlageberatung findet ihr bei der Verbraucherzentrale Baden-Württemberg.
2. Vereinbart einen Beratungstermin bei der Bank und lasst euch entsprechend beraten.
3. Wertet anschließend eure Beratungsgespräche im Klassenzimmer aus. Was habt ihr festgestellt?

GRUNDWISSEN

WIE KANN ICH AUS MEINEM GELD MEHR MACHEN?

DER SPARER BEFINDET SICH IN EINEM SPANNUNGSVERHÄLTNIS (M1-M3)

Wenn man sich entscheidet zu sparen, soll es sich auch lohnen, also möglichst viel Gewinn rauskommen. Aber die Höhe der Zinsen bzw. Gewinne sollte nur ein Argument sein, wenn man sich für eine Geldanlage entscheidet. Jeder Sparer muss sich überlegen, wie lange er wieviel Geld anlegen kann und ob er eventuell auch kurzfristig darüber (oder Teile davon) verfügen möchte. Das nennt man Liquidität. Die zweite wichtige Überlegung ist, welches Risiko man eingehen kann.

Das sogenannte Magische Dreieck beschreibt das Spannungsverhältnis, in dem sich der Sparer befindet: Will er mit hohen Zinsen „belohnt" werden, muss er sich unter Umständen auf risikoreiche Anlageformen einlassen. Möchte der Sparer sein Geld zwar im Moment sparen, sich aber nicht langfristig festlegen, wird er nicht so hohe Zinsen bekommen. Ist der Sparer sehr auf Sicherheit bedacht, sind die Zinsen ebenfalls niedrig. Grundsätzlich gilt: je höher die Zinsen, desto risikoreicher die Anlageform.

VIELE MÖGLICHKEITEN DER GELDANLAGE (M4-M6)

Verschiedene Einrichtungen – z. B. Banken, Versicherungen und Bausparkassen – bieten unterschiedliche Möglichkeiten an, wie man sein Geld anlegen kann. Jeder Anleger muss sich gut informieren, welche Anlage für ihn oder sie die richtige ist. Bei der Entscheidung sollte das Argument wichtig sein, welche Ziele man erreichen will.

Wenn es darum geht, Geld immer und jederzeit zur Verfügung zu haben, dann sind Sparbuch, Girokonto oder auch das Tagesgeld geeignete Möglichkeiten. Alle drei garantieren sofortige Verfügbarkeit. Allerdings vermehrt sich das Geld in diesen Anlageformen nur langsam, denn es gibt dafür wenig Zinsen. Mit einem Bausparvertrag kommt man dem Traum einer eigenen Wohnung oder eines Hauses näher. Dabei spart man die Hälfte der vereinbarten Summe an. Die andere Hälfte kann man sich später von der Bank leihen.

Mit Aktien kann Geld vermehrt werden, wenn die Unternehmen gut wirtschaften, also im Wert steigen. Grundsätzlich gilt hier: Wenn Viele denken, dass die Firma noch erfolgreicher wird, steigt die Aktie. Gibt es Probleme, fällt der Kurs der Aktie. Dann verliert auch der Anleger (der Aktionär) sein Geld.

2.3 Aktien und Börsenhandel – eine besonders lohnende Geldanlage?

Die Börse: ein besonderer Marktplatz?

An der Börse: Viele Männer und Frauen sitzen vor ihren Computern, oft haben sie mehrere Bildschirme am Platz, sie telefonieren mit mehreren Telefonhörern gleichzeitig, rufen wild durcheinander ... Was genau passiert da eigentlich – an der Börse?

DAX
Der Deutsche Aktienindex (DAX) ist eine Liste der 30 größten deutschen Unternehmen (Aktiengesellschaften), die an der Frankfurter Börse mit Aktien handeln. Sein Kursverlauf gilt als das wichtigste Messinstrument der Frankfurter Börse.
Am Aktienindex DAX lässt sich also die Preisentwicklung der Aktien dieser Unternehmen ablesen.

Börsenhändler
Börsenhändler kaufen und verkaufen Wertpapiere, z. B. Aktien. Sie vermitteln Wertpapiergeschäfte zwischen Anbietern und Nachfragern an der Börse.

M1 Ein (Arbeits-)Tag an der Börse mit „Mr. DAX"

Dirk Müller, auch „Mr. DAX" genannt, war lange Deutschlands bekanntestes Börsengesicht. Sein Arbeitsplatz an der Frankfurter Börse lag direkt unter der DAX-Kurstafel. Die Medien nutzten dies häufig, um seinen Gesichtsausdruck zusammen mit dem Kursverlauf des DAX als Symbol des aktuellen Börsengeschehens darzustellen ...

M2 Marktplatz Börse: Anbieter und Nachfrager

In einem Kaufhaus können Menschen Spielsachen, Kleidung oder Küchengeräte kaufen. Außerdem werden dort Taschen, Handtücher, Parfüm und vieles mehr verkauft. In einem Kaufhaus wird gehandelt. So ähnlich ist das auch an der Börse. Dort geht es aber nicht um Spielsachen oder Parfüm. An der Börse werden unter anderem Aktien gehandelt, also die Teilhaberechte an Unternehmen.
Wer Aktien kaufen möchte, tut dies in der Regel über die Börse. Wer Aktien besitzt und diese verkaufen möchte, sucht dafür auch eine Börse auf. An der Börse treffen Käufer und Verkäufer für Aktien oder andere Geldanlagen aufeinander.

Erklärfilm zum Börsenkurs

Mediencode: 82201-05

M3 Worum geht es an der Börse eigentlich?

a) „Wetten" auf gute Geschäfte

[Menschen kaufen Aktien], weil sie Geld verdienen wollen. Wenn sie also zum Beispiel die Aktien einer Turnschuhfirma kaufen, dann hoffen sie, dass die Firma gute Geschäfte macht und viele Turnschuhe verkauft. Denn dann steigt der Wert der Aktien. Werden nur wenige Turnschuhe verkauft, verliert die Aktie an Wert. Oft bekommt man dann nicht mal mehr das Geld dafür, das man für die Aktien ausgegeben hat.

www.mz-web.de, 22.1.2008

b) Wie bildet sich der Preis einer Aktie?

Der Preis einer Aktie wird auch als Kurs bezeichnet. [...] Wenn sich sehr viele Menschen für eine bestimmte Aktie interessieren, steigt folglich ihr Preis, d. h. ihr Kurs. Auf der anderen Seite müssen genügend Verkäufer bereit sein, sich von ihren Aktien wieder zu trennen. Dieser Vorgang wiederholt sich bei den großen Börsen im Sekundentakt.

Nach: www.aktiendepot.net

AUFGABEN

1. a) Nenne Überschriften zu den Fotos (**M1**).
   b) Was könnte Dirk Müller in diesen Situationen denken? Fülle die Gedankenblasen (im Heft).
2. Beschreibe aus der Sicht von Dirk Müller, was die Fotos (**M1**) über das jeweilige Börsengeschehen aussagen.
3. Stelle die Gemeinsamkeiten und Unterschiede zwischen einem Kaufhaus und einer Börse dar (**M2**).
4. Erläutere in deinen eigenen Worten, wie der Preis für eine Aktie entsteht (**M3**).

F Die Aktie von Nintendo, dem Hersteller des beliebten Pokémon Go-Spiels, ist im Sommer 2016 zuerst stark gestiegen, dann trotz anhaltendem Erfolg wieder gefallen.
Was bedeutet das für (d)eine Geldanlage?

Mein Geld an der Börse: Wessen Interessen sind im Spiel?

An Börsen werden viele verschiedene Finanzprodukte gehandelt. Die wenigsten Leute verstehen genau, wie das funktioniert. Wer „mitspielen" will, sollte also unbedingt verstehen, worauf er oder sie sich einlässt, und wer welche Interessen mitbringt ...

M4 Private Anleger verlieren Vermögen

a) Bank geht pleite – Geld der Anleger ist verloren

Auf Anraten seines [Citibank-]Beraters hatte Manfred E. 27.000 Euro – seine gesamten Ersparnisse – in Zertifikate* der mittlerweile bankrotten Bank Lehman Brothers gesteckt. Zwar hatte E. in allen Beratungsgesprächen immer darauf hingewiesen, dass er keineswegs eine riskante Anlage wünsche – doch im guten Glauben auf die Kompetenz des Beraters investierte er dennoch. Wie riskant seine Anlage eigentlich sei, wurde ihm gar nicht mitgeteilt. Jetzt ist Lehman Brothers pleite und Manfred E. hat seinen letzten Notgroschen fürs Alter verloren.

Karin Spitra, www.stern.de, 13.10.2008

** Zertifikate sind keine Aktien, sondern besonders schwer zu durchschauende Produkte, die auch an Börsen gehandelt werden.*

b) Windkraftunternehmen in Geldnot

Das Windkraftunternehmen Prokon versprach denjenigen, die Prokon-Anteile kaufen würden, hohe Gewinne. Das Unternehmen warb mit rund sechs Prozent Zinsen und dem guten Gefühl, dass die Geldanlage in einen umweltschonenden Windpark die Welt ein bisschen besser mache. Prokon lockte damit 75.000 Anleger an, die rund 1,4 Milliarden Euro einbrachten.

Anfang 2014 musste das Unternehmen seinen Anlegern erklären, dass das Geld verloren war ...

KAPITAL(MARKT)

Es gibt unterschiedliche Formen von *Kapital:* Maschinen, Gebäude u. Ä. sind das *Sachkapital* eines Unternehmens, Mitarbeiter sind sein *Humankapital,* Geldreserven sind das *Finanzkapital* eines Unternehmens. Kapital bezeichnet das Vermögen eines Unternehmens, das zur Produktion eingesetzt wird.

Wenn ein Unternehmen Geld benötigt, um zum Beispiel neue Maschinen zu kaufen o. Ä., geht es (mithilfe seiner Bank) an den Kapitalmarkt. Das Unternehmen kann dort Schulden aufnehmen. Oder es kann Aktien ausgeben. Anleger geben ihm Geld, dafür beteiligt das Unternehmen die Anleger an Gewinnen.

M5 Wer sagt dem Anleger rechtzeitig Bescheid, dass er aussteigen soll?

Auszug aus einem Interview mit Dirk Müller („Mr. DAX", M1):

Süddeutsche Zeitung: Herr Müller, reden wir über Geld. Welchen heißen Aktientipp haben Sie?

Dirk Müller: Ja, ja, alle denken immer, Börsenprofis hätten die Glaskugel. Aber wenn du Freunde behalten willst, gibst du am besten keinen Tipp ab. [...]

Wer sagt dem Anleger rechtzeitig Bescheid, dass er aussteigen soll?

Jeder muss selbst etwas tun. Sich so über die Börse informieren, wie man es auch vor dem Autokauf oder vor dem Kauf eines Toasters tut.

Toaster und Autos sind einfacher zu begreifen. Wem kann der Anleger in Gelddingen vertrauen?

Zunächst darf man vom Mann am Bankschalter nicht erwarten, dass er dein Freund ist und das Beste für dich will. Er hat klare Vorgaben, welches Produkt verkauft werden muss.

Das Interview führte Markus Zydra, Süddeutsche Zeitung, 17.5.2010

M6 Verkäufer sind schlechte Berater

„Nimm das Maisbrot", sagt der Verkäufer zu mir und meint das appetitlich aussehende Brot auf seinem Tisch. Es ist Wochenmarkt [...]. Zwischen Vollkorn, Weißbrot und Maisbrot schwankend, lasse ich mich von ihm überzeugen und befolge seinen Rat. Es geht doch nichts über fachkundige Beratung, denke ich mir [...].

Als ich mit meinen Einkäufen nach Hause komme und ein wenig Ruhe finde, kommen mir aber Zweifel, ich werde misstrauisch: [...] Der Käufer und der Verkäufer haben völlig unterschiedliche Interessen. Der Käufer mag es so billig wie möglich, der Verkäufer möchte gerne so viel Geld wie möglich abkassieren. [So gesehen] erscheint die Beratung des Händlers in einem völlig neuen Licht: Unterstelle ich, dass es dem Verkäufer lediglich um die Maximierung [also Steigerung] seines Gewinns geht, so wird er mir nicht das beste Produkt andrehen, sondern das Produkt, bei dem er die größte Gewinnspanne erwirtschaftet. [Zum Beispiel weil] der Hersteller des Produkts dem Verkäufer eine [Vermittlungsgebühr] für den Verkauf verspricht. [...]

Ähnliche Beratungsprobleme finden Sie bei Finanzdienstleistern [...]. [...] Ein Versicherungsvertreter bekommt eine [Vermittlungsgebühr] für jeden Versicherungsvertrag, den er verkauft. [...] Ein Verkäufer wird immer, muss immer daran interessiert sein, Ihnen entweder das Produkt, mit der besten Gewinnspanne [oder Vermittlungsgebühr] zu verkaufen oder nur das Produkt desjenigen Produzenten [oder Anbieters], an den er gebunden ist.

Hanno Beck, Der Alltagsökonom, Frankfurt a.M. 2005, S. 219 ff.

M7 Wer hat welches Interesse?

	Private Hauhalte	Unternehmen	Banken
Interesse an der Börse	BITTE INS HEFT!		

M8 Die Banken im Wirtschaftskreislauf

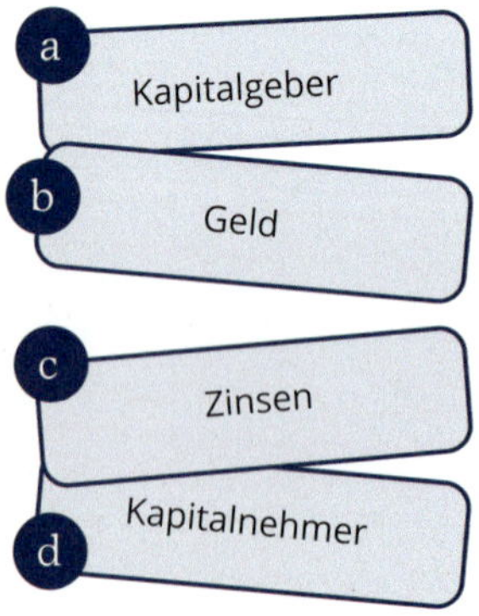

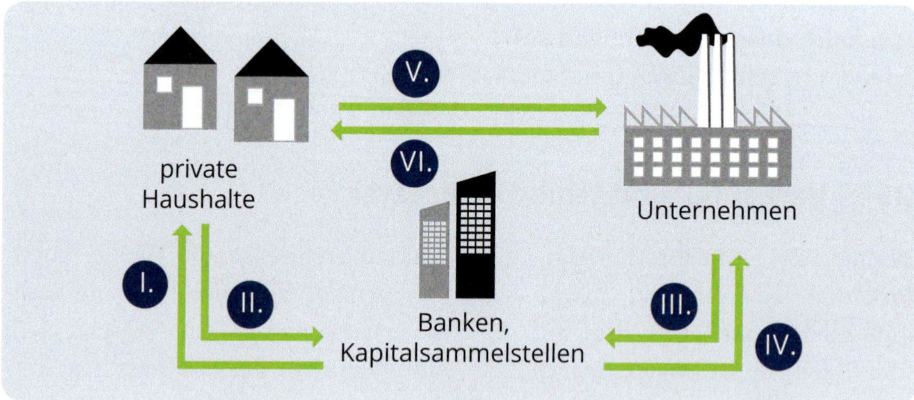

Erklärfilm zum (erweiterten) Wirtschaftskreislauf

Mediencode: 82201-02

H zu Aufgabe 1:
Wer ist/war beteiligt an dem Geschäft? Welches Interesse hatte der Mann (**M4a**)), als er Geld anlegte?

H zu Aufgabe 5:
Wiederhole die #Begriffe aus diesem Kapitel und lies in Kapitel 1.4 nach.

AUFGABEN

1. Was ist passiert? Beschreibe den Fall a) ODER b) (**M4**).
2. a) Stelle die Hoffnungen derjenigen, die ihr Geld bei Prokon angelegt hatten (Kapitalgeber) und die Hoffnungen von Prokon (dem Unternehmen) als Kapitalnehmer gegenüber (**M4b**)).
   b) Beschreibe jeweils in groben Zügen, was aus den Hoffnungen geworden ist (**M4b**)).
3. Erläutere, was Dirk Müller meint, wenn er sagt, man dürfe von dem Mann am Bankschalter nicht erwarten, dass er ein Freund sei und das Beste für die Kunden will (**M5, M6**).
4. Wer hat welches Interesse am Kapitalmarkt. Fülle die Tabelle aus (**M4-M7**).
5. Übertrage den Wirtschaftskreislauf (**M8**) in dein Heft. Sortiere die genannten Begriffe zu den Pfeilen (Mehrfachnennungen möglich).

Wie sind private Geldanleger geschützt?

In den Jahren ab 2008 hat eine weltweite Krise erst die Banken und dann die Wirtschaften vieler Länder in große Schwierigkeiten gebracht. Viele Anleger haben viel Geld verloren. Die Politik versuchte danach auch, die privaten Geldanleger besser zu schützen.

M9 Abgezockt?

In Mainz demonstrieren Anleger, die durch die Pleite der Bank Lehman Brothers viel Geld verloren haben (Mainz 2009).

M10 Bausteine des Anlegerschutzes – eine Auswahl

Wenn Wertpapiere verkauft werden sollen, muss bei der Beratung rechtzeitig vor Abschluss eines Geschäfts ein kurzes und leicht verständliches **Produktinformationsblatt** zur Verfügung gestellt werden.

Banken und Sparkassen sind verpflichtet, bei jeder Anlageberatung von Privatkunden zu Wertpapieren ein **Protokoll** zu führen. Dieses müssen sie ihren Kunden vor Geschäftsabschluss unterschreiben und übergeben.

Kundenbeschwerden über Anlageberater werden bei der Bundesanstalt für Finanzdienstleistungsaufsicht (BaFin) gespeichert.

Falls eine Bank nicht in der Lage ist, Kundeneinlagen zurückzuzahlen, werden die Kunden entschädigt. Die **Einlagensicherung** schützt pro Kunde und Kreditinstitut Einlagen (also Geldanlagen) von mindestens 100.000 Euro.

ANLEGERSCHUTZ

In Deutschland dürfen Wertpapiere nicht ohne einen von der BaFin **geprüften und verständlich formulierten Prospekt** zum Kauf angeboten werden.

KOMPETENZ: Urteilen

Anlegerschutz bei Finanzprodukten überprüfen

Ein großes Problem bei der Wahl der Geldanlage ist die Beratung: Der Anlageberater hat in der Regel eigene und andere Interessen als der Geldanleger. Damit auch wirklich deine Interessen bei der Geldanlage berücksichtig werden, solltest du eine Beratung und die Arbeit eines Geldinstituts kritisch überprüfen:

- Wie verdient die Bank an dem Produkt, wenn sie mir ein bestimmtes Produkt verkauft?
- (Wie) Werden meine individuellen Sparziele berücksichtigt?
- Wurde ausreichend auf Risiken hingewiesen?
- Wie verständlich ist das Produktinformationsblatt (bei Wertpapieren)?
- Gibt es Beschwerden über das Institut / den Anlageberater bei der Bundesanstalt für Finanzdienstleistungen (BaFin)?
- Wurde das Protokoll korrekt geführt?

Das muss im Beratungsprotokoll stehen:

- Anlass des Beratungsgespräches,
- Dauer des Gespräches,
- die wichtigen Informationen über die persönliche Situation des Kunden,
- Angaben über die Finanzinstrumente und Wertpapierdienstleistungen, um die es im Gespräch geht,
- Wünsche und Anlageziele des Kunden und deren Gewichtung und
- Produktempfehlungen des Beraters sowie deren Begründung

Nach: www.verbraucherzentrale-bawue.de

Achtung:
Das Protokoll muss nur vom Berater, nicht aber vom Kunden unterschrieben und dem Kunden ausgehändigt werden.

Auch die Verbraucherzentrale Baden-Württemberg deckt als Marktwächter Finanzen bundesweit Missstände im Bereich Geldanlage/Altersvorsorge auf. Sie untersucht dabei beispielsweise, wie Anlageberatungen in Deutschland zu den tatsächlichen Lebensumständen von Verbrauchern passen.

www.marktwaechter.de/finanzen/finanzmarkt/geldanlage-und-altersvorsorge

MARKTWÄCHTER FINANZEN

AUFGABEN

1. Beschreibe, warum der Mann demonstriert (**M9**)
2. Erkläre, welche Bedeutung der Anlegerschutz für private Geldanleger hat (**M9, M4, M10**).
3. Laut Dirk Müller (**M5**) hat ein Bankberater klare Vorgaben, welches Produkt verkauft werden muss. Erläutere vor diesem Hintergrund, inwiefern die Verpflichtung, Anlagegespräche zu protokollieren, den Anleger stärkt (**M10**).
4. Überprüfe nach einer Bankberatung, ob die Bank den Anlegerschutz Ernst nimmt.
   ODER
   Lasst euch ein geeignetes Produktinformationsblatt bei einer Bank geben und prüft es auf Verständlichkeit.

GRUNDWISSEN

AKTIEN UND BÖRSENHANDEL – EINE BESONDERS LOHNENDE GELDANLAGE?

DIE BÖRSE IST EIN MARKTPLATZ – AUF DEM VERSCHIEDENE INTERESSEN AUFEINANDERTREFFEN (M1-M3)

Börsen sind ein Marktplatz für Aktien, Währungen und andere Wertpapiere. Anbieter und Nachfrager treffen aufeinander, heute allerdings in der Regel nur im virtuellen Handel, also am Computer.

Wenn Unternehmen an der Börse Aktien ausgeben, also Teilhaberechte an ihrem Unternehmen anbieten, bekommen sie Geld (von den Anlegern). Mit dem können sie zum Beispiel neue Maschinen kaufen, neue Mitarbeiter einstellen o. Ä.. Als Kapitalnehmer möchten sie also möglichst viel Geld für ihr Unternehmen bekommen.

Wenn man eine Aktie besitzt, gehört einem ein Teil des entsprechenden Unternehmens. Die Kapitalgeber möchten ihr Geld vermehren, also Geld verdienen. Wenn das Unternehmen Gewinne macht, bekommen sie einen Teil davon ab. Andererseits ist man auch beteiligt, wenn das Unternehmen Verluste macht. Dann verlieren die Aktien an Wert und der Anleger sein Geld.

GELDANLAGEN AN DER BÖRSE KÖNNEN VERLOCKEND ABER AUCH RISKANT SEIN (M4-M8)

Man kann mit dem Handel an der Börse Geld verdienen, aber man kann auch viel Geld verlieren. Weil Aktien teilweise im Abstand von wenigen Sekunden gekauft und verkauft werden, ändern sich die Preise für Aktien, also die Aktienkurse, ständig.

Wer sein Geld an der Börse anlegen möchte, muss sich also gut über die verschiedenen Produkte informieren, bevor er sich zum Kauf entscheidet. Häufig holen sich Geldanleger diese Information von Anlageberatern oder Bankberatern. Die Berater verdienen am Verkauf der Anlagen jedoch mit – sie haben also ihr eigenes Interesse an dem Verkauf.

ANLEGER WERDEN DURCH GESETZLICHE REGELUNGEN GESCHÜTZT (M10)

Geldanleger haben in den vergangenen Jahren immer wieder viel Geld verloren, weil sie z. B. falsch oder sehr einseitig beraten wurden. Aus diesem Grund gibt es rechtliche Regelungen, die den Anleger schützen und mehr Offenheit herstellen sollen: Zum Beispiel hat ein Bankkunde bei einer Anlageberatung Anspruch darauf zu erfahren, welche Vermittlerhonorare (Provisionen) die Bank für einen Produktverkauf erhält. Zudem muss ein Anlageberatungsgespräch protokolliert werden.

SELBSTEINSCHÄTZUNG

Im Laufe des vorangegangenen Kapitels hast du dich mit deiner Rolle als Geldanleger beschäftigt. Schätze ein, wie sicher du dich in den folgenden Bereichen auskennst.

Ich kann …	Das klappt schon …	Hier kann ich noch üben …
… Vor- und Nachteile von Sparen darstellen.		Kapitel 2.1: M1, M2
… erläutern, dass es in manchen Lebenssituationen sinnvoller sein kann zu sparen als Geld auszugeben.		Kapitel 2.1: M3
… beschreiben, wozu man ein Girokonto braucht und wie Online-Banking funktioniert.		Kapitel 2.1: M5-M10
… Formen von Geldanlagen beschreiben.		Kapitel 2.2: M5
… Typen von Geldanlegern unterscheiden/ charakterisieren.		Kapitel 2.2: M1, M2
… die mit Geldanlagen verbundenen Risiken am Beispiel von Aktien darstellen.		Kapitel 2.3: M2, M3
… zwischen den Interessen von Anlageverkäufern und Anlegern unterscheiden.		Kapitel 2.3: M4-M8
… rechtliche Rahmenbedingungen zum Schutz von Anlegern beschreiben.		Kapitel 2.3: M10

TRAINING

M1 Sparen oder ausgeben?

„Von dem Geld, das Sie zur freien Verfügung haben, sparen Sie davon einen bestimmten Teil ...?"

Sparverhalten

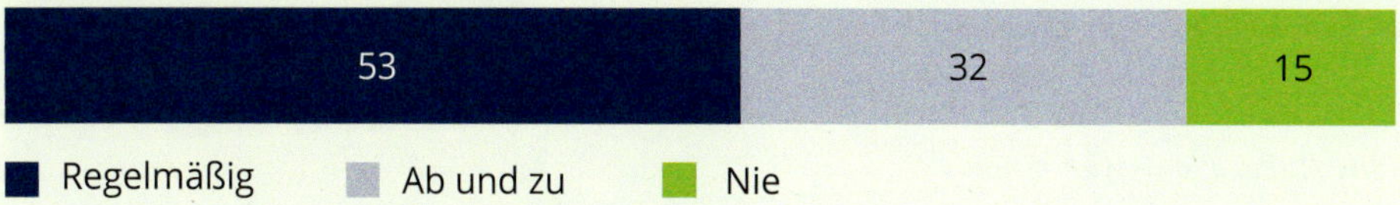

Jugendstudie des Bankenverbandes, 21.7.2015, Präsentation, S. 27

M2 Was geschieht an der Börse?

„Inwieweit stimmen Sie der folgenden Aussage zu?" Von dem was an der Börse geschieht, habe ich keine Ahnung.

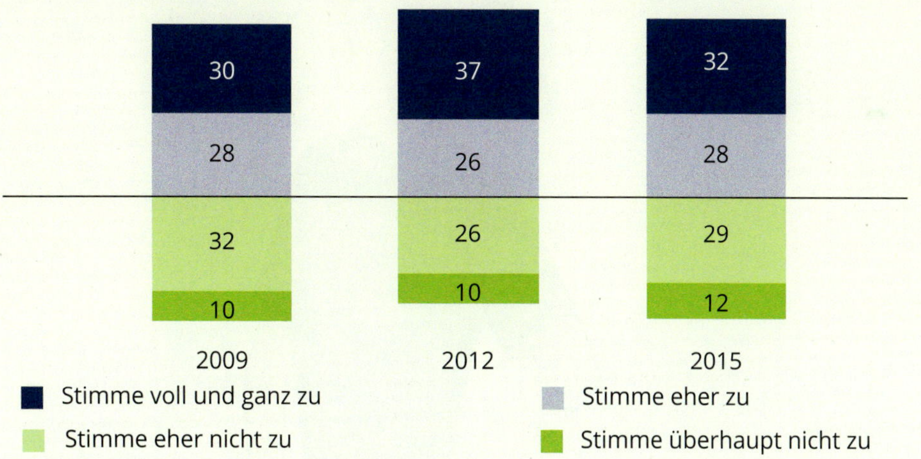

Jugendstudie des Bankenverbandes, 21.7.2015, Präsentation, S. 22

Aufgaben

1. Die Jugendstudie des Bankenverbandes 2015 hat u. a. das Wirtschafts- und Finanzverständnis von Jugendlichen erfragt (**M1, M2**).
   a) ... und zu welcher Gruppe gehörst du? Erläutere dein Sparverhalten (**M1**).
   b) Stelle dar, wie die befragten Jugendlichen ihre Finanzkompetenz einschätzen (**M2**).
   c) Erkläre einem Grundschulkind, was an der Börse passiert.
2. Beschreibe dein Vorgehen, wenn du dich über ein Finanzprodukt bei einer Bank informieren möchtest.
3. Selbst bestimmen ... mithilfe von Experten? Beurteile, ob Experten bei Entscheidungen über eine mögliche Geldanlage helfen können.

Leni Sommer, 19 Jahre; Auszubildende zur Polizistin im mittleren Dienst

Was weißt du schon?

1. In welchen Situationen hast du dir schon einmal Geld geliehen? Berichtet euch gegenseitig in Kleingruppen von wem und für was ihr euch das Geld geliehen habt und wie schwierig es war, den „Kredit" wieder zurückzuzahlen.
2. Fälle ein spontanes Urteil: Würdest du als zuständiger Mitarbeiter einer Bank Leni Sommer den Kredit für ein gebrauchtes Auto gewähren oder nicht? Begründe.

3

#Schulden machen – gute Idee oder ein Problem?

Das Wort „Schulden" klingt erst einmal negativ – Schulden macht wohl niemand gerne. Ohne die Möglichkeit Schulden zu machen, würde unsere Wirtschaft aber nicht funktionieren. Wenn du einer Freundin 1 Euro schuldest, ist das wahrscheinlich kein großes Problem für dich. Wenn du aber mehreren Freunden 20 Euro schuldest, könnte es schnell schwierig werden.
In diesem Kapitel erfährst du Einiges darüber, warum es eine gute Idee sein kann, Schulden zu machen, aber auch wann bzw. warum eher nicht. Außerdem kannst du lernen, welche Rolle die Banken und der Staat beim Thema Schulden einnehmen.

Was lernst du in diesem Kapitel?

... beschreiben, warum Menschen Kredite aufnehmen.
... erläutern, welche Folgen das haben kann.
... ob bzw. inwiefern die Interessen zwischen denen, die einen Kredit aufnehmen und denen, die einen Kredit gewähren, übereinstimmen.
... beurteilen, wie du deine eigene Position auf dem Kreditmarkt verbessern kannst.
... erläutern, welche Regeln der Staat erlassen hat, um dich auf diesem Markt zu schützen.

GEMEINSAM AKTIV

Wir erstellen ein Erklärvideo

Der richtige Umgang mit Geld ist nicht einfach – meist hat man zu wenig für all das, was man sich wünscht. Aber du solltest dir gut überlegen, wofür und wie viel Geld du dir leihen möchtest. Schließlich musst du das irgendwann zurückzahlen.
Erkläre mit den Inhalten aus diesem Buchkapitel deinen Freunden und Mitschülern, was sie bedenken müssen, indem du ein Erklärvideo erstellst!

Geht dabei so vor:

1. Schaut euch gemeinsam einige Erklärvideos im Internet an und sammelt Ideen für mögliche eigene Szenen und Darstellungsbeispiele.

2. Bildet Kleingruppen aus Mitgliedern, die möglichst viele verschiedene Stärken mitbringen, z. B. beim Umgang mit Videokameras, Film-Software, Drehbuch schreiben, Zeichnen und Basteln, ...

3. Erarbeitet euch die wichtigsten Inhalte der einzelnen Teilkapitel (→ Kapitel 3.1: M2, M3, M5, M6, Kapitel 3.2: M2, M6, M7, Kapitel 3.3: M2, M3, M5, M7-M9). Versucht jedes Teilkapitel auf 1-2 DIN A4 Seiten zusammenzufassen.

4. Jedes einzelne Teilkapitel soll in jeweils 1-2 Min. Video erklärt werden.

5. Schreibt nun gemeinsam ein Drehbuch für euer ca. 5-7 Min. langes Video.

6. Erstellt die benötigten Materialien und Bilder. Besorgt euch die technische Ausrüstung, „live“ funktioniert der Film auch mit einem Tageslichtprojektor o. Ä.

7. Jede Kleingruppe spielt ihr Video der Klasse vor. Besprecht für jedes Video, was gelungen war und was man verbessern könnte.

3.1 Welcher Kredit passt zu meiner Situation?

Wann macht ein Kredit Sinn?

Stell dir vor, du bist mit deinen Freunden in der Stadt unterwegs und ihr beschließt spontan Essen zu gehen. Allerdings bemerkst du, dass dein Taschengeld dazu eigentlich nicht mehr ausreicht. Was tun? Verzichtest du oder leihst du dir das Geld bei einem deiner Freunde? Beim Thema Kredit geht es um genau diese Frage: Wann macht ein Kredit Sinn? Wann genau ist es gut, Schulden zu riskieren und wann ist es ein Problem?

Kredit
vom lateinischen Wort *credere* „glauben" abgeleitet

M1 Saras Problem – wie würdest du entscheiden?

Sara: Ich würde so gerne noch mit euch Essen gehen, aber ich hab mein Taschengeld diesen Monat schon komplett ausgegeben.
Vincent: Ach komm schon, geh' trotzdem mit, ich kann dir doch Geld leihen!
Sara: Danke, das ist nett, aber ich hab schon 10 Euro Schulden bei Arthur und 5 bei meiner Mama. Wobei die es hoffentlich schon wieder vergessen hat …
Vincent: Du musst ja nichts Teures essen. Außerdem kriegst du doch eh so viel Taschengeld.
Sara: …

KREDIT

Wenn du dir bei deiner Bank 5.000 Euro leihst, musst du diesen Kredit (deine Schulden) zurückzahlen. Solange du der Bank Geld schuldest, ist die Bank dein *Gläubiger* und du bist der *Schuldner*.
Wenn Leni Sommer einen Kredit bei der Bank aufnimmt, muss sie das geliehene Geld in vertraglich festgelegten Monatsraten zurückzahlen. Leni könnte zum Beispiel einen Kredit über 1.000 Euro in 10 Monatsraten à 100 Euro zurückzahlen. Damit die Bank aber auch etwas verdient, muss Leni zusätzlich zur Tilgung in Höhe von 100 Euro jeden Monat auch 10 Euro Zinsen bezahlen. Zinsen sind also im Grunde nichts anderes als der Preis für Geld.

M2 Wer kann – wer soll einen Kredit aufnehmen?

Leni Sommer, 19 Jahre; Auszubildende zur Polizistin im mittleren Dienst

Mein Azubi-Gehalt ist momentan leider noch zu gering für ein eigenes Auto. Da die Verbindung mit öffentlichen Verkehrsmitteln zur Polizeischule aber unglaublich schlecht ist, brauche ich ein Auto. Denn für einen Motorroller ist es von Oktober bis März zu kalt. Für ein zuverlässiges Auto brauche ich ca. 5.000 Euro Kredit.

Paul Ruh, 26 Jahre; arbeitsloser Grafikdesigner

Ich will mich nach zwei Jahren mies bezahlter Praktika selbstständig machen. Für eine anständige Grundausstattung meiner eigenen Grafikdesign-Firma brauche ich ca. 5.000 Euro Kredit, v. a. für eine kundenfreundliche Büroausstattung und zwei leistungsfähige Laptops mit neuester Software.

Leo Wild, 36 Jahre alt; alleinerziehender Vater, Koch

Seitdem ich alleine für meine beiden Kinder zuständig bin, ist es finanziell nicht mehr ganz so rosig für uns. Ich brauche dringend 5.000 Euro Kredit für Autoreparaturen, eine neue Waschmaschine und die Renovierung unserer Küche.

Stefanie Traum; 50 Jahre, Universitätsprofessorin

Wir haben unser ganzes Geld letztes Jahr in ein neues Haus gesteckt. Dieses Jahr wollen wir aber unbedingt zur Weltausstellung nach Asien reisen und den Urlaub mit einem Tauchkurs kombinieren. Dafür brauchen wir 5.000 Euro Kredit.

M3 Schulden sind nicht gleich Schulden

Schulden sind [...] nicht gleich Schulden. [...] Bei einem privaten Kredit kann man sich heute mehr leisten, muss aber in Zukunft Zinsen und Tilgung beispielsweise an die Bank zahlen. Deshalb steht am Anfang immer die Frage: Ist der Kauf einer Ware heute es wert, dass ich auch in drei Jahren noch monatlich Raten zahlen muss, um meine Schulden abzutragen?

In [der Wissenschaft] unterscheidet man deshalb zwischen **Konsumgütern** und **Investitionen**. Eine Investition ist das, was zukünftig Kosten spart oder Erlöse bringt. [Unternehmen investieren z. B. in neue, bessere Maschinen.] Im Privatleben gibt es eigentlich nur wenige Investitionen. Investitionen werden mit „guten Schulden" gleichgesetzt [...]. Dazu gehören u. a. Bildung oder z. B. eine Eigentumswohnung.

Vor allem Bildung zählt zu den besten Investitionen, die wir tätigen können. Sie erhöht die Chance auf ein höheres Einkommen und die Rückzahlung des geliehenen Geldes wird leichter. Allerdings gilt auch hier: Bildung ist nur dann eine Investition, wenn Know-how erworben wird, das in Bezug zum eigenen Arbeitsleben steht. „Schlechte Schulden" entstehen durch Konsumgüter.

Michael Schuhen, Hans Jürgen Schlösser, Nadine Meyer, Mäuse, Moos und mehr. Der Finanzpass für die Sekundarstufe I, Stuttgart 2015, S. 48

AUFGABEN

1. Begründe spontan, welche Person aus **M2** einen Kredit aufnehmen sollte und welche nicht.
2. Vergleiche die Interessen der möglichen Kreditnehmer aus **M2**. Begründe, welche dir sinnvoll/ weniger sinnvoll erscheinen.
3. a) Nehmt die Rolle eines Bankberaters ein und erstellt eine gemeinsame Rangliste, wem ihr am ehesten den Kredit geben würdet (1. Rang) und wem eher nicht (4. Rang) (**M2**).
   b) Vergleicht eure Ranglisten untereinander und begründet Unterschiede.
4. Vergleiche und beurteile die Interessen der Kreditnehmer aus **M2** und der Bankberater (**Aufgabe 3**).
5. a) Erstelle eine Tabelle „Chancen und Risiken der Kreditaufnahme" (**M1-M3**).
   b) Entscheide anschließend, welche Chancen und Risiken du am wichtigsten findest. Nenne jeweils die beiden wichtigsten.
   c) Vergleiche deine Tabelle mit einer Klassenkameradin und begründet eure Wahl.

H **zu Aufgabe 2**
Achte auf gute Begründungen bei der Frage „sinnvoll oder nicht".

F Vergleicht eure Ranglisten aus **Aufgabe 2** mit der aus **Aufgabe 3**.

F **zu Aufgabe 2-5**
Berücksichtige auch **M3**.

F **zu Aufgabe 3**
Zwei Personen aus **M2** kommen in eure engere Auswahl der Kreditvergabe, aber eurem Team fehlen noch wichtige Informationen, um endgültig zu entscheiden. Erstellt eine Liste dieser Fragen.

Wie finde ich den richtigen Kredit?

Du leihst dir 5 Euro von einer Freundin und zahlst (wahrscheinlich) auch 5 Euro zurück. Solche Angebote gibt es auch in der Erwachsenenwelt, wenn Werbeschilder eine sogenannte „0 %-Finanzierung“ versprechen. Sollte aber eine deiner Freundinnen 5,10 Euro am nächsten Tag zurückverlangen und die andere 5,30 Euro in einer Woche bist du mitten in der Frage: Wie entscheide ich mich für den „richtigen“ Kredit?

M4 Saras Freunde wollen Gläubiger werden

Sara: Also gut, ich gehe mit euch Essen. Aber irgendwer muss mir 5 Euro leihen.
Vincent: Ich habe doch gesagt, ich leihe es dir. Aber ich will Zinsen! Wenn du es mir bis zum Wochenende zurückgibst, will ich 5,20 Euro, nächste Woche will ich 5,50 Euro!
Sara: Das ist ja total gemein. Vorhin hast du noch gesagt, du gibst es mir einfach so!
Vincent: Nein, das ist nicht fies. Bis du es mir zurückgibst, hab ich mein Geld nicht zu meiner Verfügung und das kostet natürlich was.
Luisa: Ich gebe es dir umsonst, Sara! Ich hab diesen Monat noch genug Geld übrig. Dafür lässt du mich aber noch deine Mathe-Hausaufgabe abschreiben, in Ordnung?

M5 Unterschiedliche Formen, sich Geld zu leihen

Dispositionskredit

Beispiel: Du hast noch 300 Euro auf deinem Girokonto, bezahlst das 350 Euro teure Smartphone aber trotzdem mit deiner EC-Karte dieses Girokontos. Damit bist du mit deinem Konto im „Minus“, hast also Schulden bei der Bank.

Ratenkredit

Beispiel: Du leihst dir bei der Bank 500 Euro, um einen großen Fernseher zu kaufen. Die 500 Euro willst du in Monatsraten zurückzahlen, also jeden Monat einen bestimmten Betrag an die Bank zahlen.

DISPOSITIONSKREDIT

Wenn Banken ihren Kunden erlauben, mehr Geld von ihrem Girokonto abzuheben (oder auch abbuchen zu lassen), als sie dort Guthaben haben, stellt dies einen Dispositionskredit dar (auch Überziehungskredit genannt).
Es handelt sich um eine „geduldete Kontoüberziehung". Der Dispokredit ist sofort einsetzbar. Das betreffende Girokonto kann also auch im Minus genutzt werden – aber nur soweit, wie die Höhe des Kredites festgelegt ist (in der Regel die Höhe von 2-3 Monatsgehältern). In der Regel ist ein regelmäßiges Gehalt die Voraussetzung für solch einen Dispositionskredit. Sollte man das festgelegte Kreditlimit überschreiten, fallen Überziehungszinsen an.

Dispokredit
vom lateinischen Wort *disponere* für „verfügen" abgeleitet

RATENKREDIT

Bei einem Ratenkredit wird dem Kreditnehmer ein bestimmter Geldbetrag zur Verfügung gestellt, der in Monatsraten zurückgezahlt wird.
Dabei wird sowohl die Höhe der Monatsraten als auch die Anzahl der Monatsraten (Laufzeit) vertraglich festgelegt. Ratenkredite werden in der Regel für Schulden von 1.000 bis 75.000 Euro vergeben. Damit kann man größere Anschaffungen bezahlen. Der Kreditnehmer hat ein Widerrufsrecht, d. h. er kann vom Kreditvertrag binnen 14 Tagen zurücktreten, ohne dass Kosten für ihn entstehen.

M6 Welcher Kredit hat welche Eigenschaften?

- größere Anschaffungen
- kurzfristiger Konsum
- Kreditrahmen auf dem Girokonto
- so lange, bis die Überziehung des Kontos beendet ist
- kann sich ändern
- nach Vereinbarung
- gleichbleibende Raten während der vereinbarten Laufzeit
- fest vereinbart
- nach Vereinbarung
- bis das Girokonto ausgeglichen ist

	Dispositionskredit	Ratenkredit
Verwendungszweck		
Laufzeit		
Kredithöhe		
Zinssatz		
Rückzahlung		

BITTE INS HEFT!

M7 Werbung für Banken und Kredite

a

b

KOMPETENZ: Methode

Werbeanzeigen auswerten

Manipulation: versuchen, jemanden zum eigenen Vorteil zu beeinflussen, ohne dass diese Person es merkt

Jeden Tag läuft man an vielen Werbeanzeigen vorbei: Plakate an Bushaltestellen, Schilder in Geschäften, Bilder im Internet und so weiter. Nur selten macht man sich die Mühe, sie genau anzusehen. Und noch seltener macht man sich die Mühe, sie im Detail zu analysieren. Das kann sich aber lohnen, denn nur auf diese Weise können Profis zum Beispiel herausfinden, ob Werbeanzeigen versuchen, z. B. gerade junge Menschen zu manipulieren:

Schritt 1: **Beschreibe die dargestellte Szene mit den W-Fragen.**	Wer oder was ist dargestellt? Was passiert bzw. was tun die Personen (auf welche Art und Weise)? Was sind die wesentlichen Inhalte der dargestellten Texte?
Schritt 2: **Erkläre die dargestellte Absicht des Werbeplakats.**	Was will derjenige, der es hergestellt hat, damit erreichen? Bei wem? Woran machst du das fest? Können manche Details im Bild hier bedeutsam sein (z. B. Mimik und Gestik der dargestellten Personen oder die dargestellten Gegenstände ...)?
Schritt 3: **Bewerte die Werbeanzeige aus deiner persönlichen Sicht.**	Gefällt dir die Anzeige? Sieht sie gut aus? Ist alles korrekt und klar dargestellt? Werden die möglichen Kunden irgendwie manipuliert? Stehen Bilder und Texte in einem glaubwürdigen, plausiblen Zusammenhang? Achte in diesem Schritt am meisten auf eine überzeugende Begründung deiner Meinung.

c

Dispokredit

Wünsche einfach schneller erfüllen

- ✓ Jederzeit zahlungsfähig sein
- ✓ Zinsen nur bei Inanspruchnahme
- ✓ keine festen Raten
- ✓ Ihr finanzieller Spielraum orientiert sich an Ihrem Einkommen

d

DER PRIVATKREDIT

Einfach und Schnell

Günstige Zinsen. Flexible Laufzeigen. Faire Beratung.

AUFGABEN

1. a) Schreibt in Dreiergruppen den Dialog aus **M4** fort.
   b) Spielt eure Dialoge einer anderen Dreiergruppe vor. Diskutiert Gemeinsamkeiten und Unterschiede eurer Rollenspiele.
2. Begründe: Ist es „fies" von Vincent, von einer Freundin einen Zins zu verlangen (**M4**)?
3. Ordne die Begriffe der richtigen Kreditart zu (**M5**, **M6**, **#Ratenkredit, #Dispositionskredit**).
4. Erläutere den Unterschied zwischen Dispositionskredit und Ratenkredit anhand eines Beispiels (**M5**, **#Dispositionskredit, #Ratenkredit**).
5. Begründe, warum der Dispositionskredit trotz hoher Zinssätze eine sehr verbreitete Kreditform bei Privatleuten ist.
6. Analysiert in arbeitsteiligen Dreiergruppen die Anzeigen a-d (Methode). Präsentiert euch gegenseitig eure Ergebnisse (**M7**).
7. Leni Sommer verdient als Polizeianwärterin im mittleren Dienst im ersten Lehrjahr 1.062 Euro im Monat und braucht 5.000 Euro Kredit für ein gebrauchtes Auto.
   a) Erstelle einen Haushaltsplan für Leni Sommer.
   b) Angenommen, Leni entscheidet sich für einen Ratenkredit. Entscheide auf der Grundlage deines Haushaltsplans, wie hoch Lenis Monatsrate höchstens sein sollte.

F Sollten Jugendliche ihr Girokonto überziehen dürfen? Notiere mindestens ein Pro- und ein Kontra-Argument und begründe, welches Argument dich mehr überzeugt.

F **zu Aufgabe 7**
Suche für Leni Sommer nach dem billigsten Kreditangebot im Internet. Gehe von einer Laufzeit von 3 Jahren aus. Findest du ein passendes Angebot, welches deine angenommene Höchstrate aus Aufgabe 7b) nicht überschreitet?

Wie teuer ist ein Kredit?

0-%-Finanzierung, effektiver Jahreszins, Monatszins ... In der Werbung für Kredite fallen viele Fachbegriffe. Verstecken sich dahinter nur gute Geschäfte für die Gläubiger? Sicher kannst du dir nur sein, wenn du die Kosten für einen Kredit berechnen kannst.

M8 Wer rechnen kann, ist klar im Vorteil

Sara: Du möchtest nächste Woche 5,50 Euro, wenn du mir heute 5 Euro gibst? Das sind ja 10 % Zinsen! Du Halsabschneider machst ja ein schönes Geschäft mit mir!
Vincent: Na gut, über den genauen Betrag können wir nochmal reden. Aber glaub' nicht, dass dir später jemand umsonst Geld gibt ...
Sara: Aber man liest doch immer von der 0-%-Finanzierung – ist die nicht umsonst?
Vincent: Quatsch, da haben die doch schon die Kosten mit eingerechnet und nur versteckt ...

M9 Kreditkosten beim Dispositionskredit. Ein Beispiel

Bei Dispositionskrediten schwankt üblicherweise die Höhe des in Anspruch genommenen Kredits; z. B. sinkt sie, wenn Anfang des Monats der Lohn oder das Gehalt auf das Girokonto kommt.
Die tatsächlich entstehenden Kreditkosten können nur im Nachhinein ermittelt werden. [...]
Abrechnungsbeispiel: Wie hoch sind die Zinsen für einen Dispositionskredit im Monat Juni, wenn der Zinssatz 12 % beträgt und die deutsche Zinsrechnung zugrunde gelegt wird (Monat = 30 Tage, Jahr = 360 Tage)?

Soll, Haben, Saldo ...
„Soll" steht für eine negative Buchung auf einem Konto (der Betrag wird abgezogen bzw. das Konto steht im Minus), das „Haben" wird dem Konto gutgeschrieben bzw. das Konto steht im Plus. Saldo bezeichnet die Differenz zwischen der Soll- und der Habenseite eines Kontos.

Kontoauszug

Tag (Wert)	Text	Soll Haben	Betrag Euro	Tage	Zinsen Euro
31.05. 10.06.	Saldo Lastschrift	S S	800 1.200	10	2,6
15.06.	Saldo Gehalt	S H	2.000 2.200	5	3,33
16.06.	Saldo bar	H S	200 1.700	1	–
20.06.	Saldo Überweisung	S H	1.500 1.600	4	2,00
30.06.	Saldo	H	100	10 30	– 8,00

Michael Schuhen, Hans Jürgen Schlösser, Nadine Meyer, Mäuse, Moos und mehr. Der Finanzpass für die Sekundarstufe I, Stuttgart 2015, S. 55

M10 Kreditkosten beim Ratenkredit. Zwei Beispiele

Annahmen	1. Kredit	2. Kredit
Kreditbetrag	15.000,00 Euro	15.000,00 Euro
Monatszinssatz	0,5 %	0,5 %
Annahmen	1. Kredit	2. Kredit
Laufzeit	24 Monate	60 Monate
Ergebnisse	1. Kredit	2. Kredit
Nettokreditbetrag	15.000,00 Euro	15.000,00 Euro
+ Zinsen	1.800,00 Euro	4.500,00 Euro
Gesamtbetrag	16.800,00 Euro	19.500,00 Euro
Monatsrate	700,00 Euro	325,00 Euro

Bei längerer Laufzeit und sonst gleichen Bedingungen wird der Kredit insgesamt teurer. Eine längere Laufzeit führt dagegen zu niedrigeren Raten.

Michael Schuhen, Hans Jürgen Schlösser, Nadine Meyer, Mäuse, Moos und mehr. Der Finanzpass für die Sekundarstufe I, Stuttgart 2015, S. 54

KOMPETENZ: Methode

Berechnung von Kreditkosten

Bei Krediten ist es besonders wichtig, genau rechnen zu können. Nur so kann man die verschiedenen Angebote vergleichen und die genauen Kosten erkennen. Die Zinsen für einen Ratenkredit und einen Dispositionskredit berechnet man folgendermaßen:

Ratenkredit	$\text{Zinsen} = \frac{\text{Kreditbetrag x Monatszinssatz x Monate}}{100}$
Dispositionskredit	$\text{Zinsen} = \frac{\text{Kapital x Jahreszinssatz x Tage}}{100 \text{ x } 360}$

M11 Welcher Ratenkredit ist günstiger?

Annahmen	1. Kredit	2. Kredit
Kreditbetrag	10.000,00 Euro	25.000,00 Euro
Monatszinssatz	0,48 %	0,45 %
Laufzeit	36 Monate	48 Monate
Ergebnisse	1. Kredit	2. Kredit
Nettokreditbetrag	.... Euro	.... Euro
+ Zinsen	.... Euro	.... Euro
Gesamtbetrag	.... Euro	.... Euro
Monatsrate	.... Euro	.... Euro

Michael Schuhen, Hans Jürgen Schlösser, Nadine Meyer, Mäuse, Moos und mehr. Der Finanzpass für die Sekundarstufe I, Stuttgart 2015, S. 56

Nettokreditbetrag
Betrag, der dem Kreditnehmer tatsächlich gutgeschrieben wird (u. U. wurden vorher Bearbeitungsgebühren abgezogen)

M12 Wie hoch sind die Kosten für diesen Dispokredit?

Kontoauszug

Tag (Wert)	Text	Soll Haben	Betrag Euro	Tage	Zinsen Euro
31.10. 08.11.	Saldo Lastschrift	H S	700 1.500		
13.11.	Saldo bar	S S	800 2.200		
15.11.	Saldo Gehalt	S H	3.000 2.500		
22.11.	Saldo Überweisung	S H	500 2.500		
30.11.	Saldo	H			

Michael Schuhen, Hans Jürgen Schlösser, Nadine Meyer, Mäuse, Moos und mehr. Der Finanzpass für die Sekundarstufe I, Stuttgart 2015, S. 56

M13 Leni nimmt Kredite in Anspruch …

Hinweis
Wir nehmen an, dass jeder Monat 30 Tage hat.

a) Leni Sommer hat am 1. August ein neues Smartphone gekauft und nun den ganzen restlichen Monat 300 Euro Minus auf ihrem Girokonto. (Durch die Überweisung ihres Gehalts am 1. September ist ihr Konto dann wieder im Plus). Ihre Bank verlangt 8 % Zinsen auf einen **Dispositionskredit**.

b) Leni Sommer nimmt am 1. August einen **Ratenkredit** in Höhe von 500 Euro auf, um ein neues Smartphone zu kaufen. Diesen Ratenkredit will sie in 5 Monatsraten à 100 Euro zurückzahlen. Die Bank verlangt einen (Monats-)Zinssatz von 0,4 % auf diesen Ratenkredit.

AUFGABEN

1. Berechne die Kosten für einen Ratenkredit (**M11**). Die Monatsraten sind auf volle Euro-Beträge aufzurunden (am Ende entsteht ein Restbetrag).
2. Berechne die Zinskosten auf dem Girokonto für den Monat November, wenn der Zinssatz 15 % beträgt (**M12**).
3. a) Berechne, wieviel Zinsen in Euro Leni Sommer für den Dispositionskredit im August zahlen muss (**M13a**).
   b) Berechne Lenis Zinslast für den Ratenkredit (**M13b**).
   c) Begründe, welchen Kredit Leni für das Smartphone besser in Anspruch nehmen sollte.

H zu Aufgabe 3b)
Ab 1. September hat Leni nur noch 400 Euro Schulden, ab 1. Oktober nur noch 300 Euro usw.

GRUNDWISSEN

WELCHER KREDIT PASST ZU MEINER SITUATION?

EIN KREDIT IST NUR UNTER BESTIMMTEN BEDINGUNGEN SINNVOLL

(M1-M3)

Man kann gute und schlechte Schulden haben. Ob ein Kredit Sinn macht, kommt immer auf die jeweilige Situation des Kreditnehmers an.

Es kann von Vorteil sein, sich in einer Situation zu verschulden – nämlich dann, wenn man die Kreditraten und die Zinsen ohne Probleme zurückzahlen kann. Über Monate und Jahre hinweg können sich Menschen auf diese Weise ein eigenes Haus kaufen. Andere bauen sich mit einem Kredit ein eigenes Unternehmen auf. Ohne eine „Starthilfe" in Form von geliehenem Geld wären viele Unternehmen niemals gegründet worden.

Man kann aber auch schnell in Zahlungsnöte kommen, wenn man sich z. B. bei mehreren seiner Freunde kleinere bis mittlere Beträge leiht, die man für Konsumausgaben verwendet. Um insgesamt beurteilen zu können, wann ein Kredit sinnvoll ist oder nicht, muss man sich also stets mehrere Fragen stellen: Welche Alternativen zur Kreditaufnahme sind verfügbar (Verzicht, Einschränkung, Kauf verschieben ...)? Wird mit dem Kredit ein echter (Gegen-) Wert geschaffen oder wird das Geld einfach „verbraucht"?

VERSCHIEDENE KREDITARTEN FÜR UNTERSCHIEDLICHE SITUATIONEN

(M4-M10)

Banken verlangen einen viel höheren Zinssatz für den Dispokredit als für einen Ratenkredit. Der Dispositionskredit ist zwar mit sehr hohen Zinskosten verbunden, aber trotzdem die meistgenutzte Kreditform. Man sollte deswegen sein Girokonto nicht überziehen. Wer bemerkt, dass er anfällig dafür ist, ins „Minus zu rutschen", sollte unbedingt versuchen, mit einem Haushaltsbuch die Übersicht über die eigenen Einnahmen und Ausgaben zu behalten.

Plant man, einen Ratenkredit in Anspruch zu nehmen, sollte man immer mindestens 2–3 Vergleichsangebote einholen. Werbebotschaften – v. a. im Internet – sollte man mit größter Vorsicht begegnen! Dahinter stecken oft sehr unseriöse Anbieter. Wer seinen Dispokredit allzu leichtfertig nutzt, ist für die Banken eine einfache und lohnende Einnahmequelle.

Auch hier muss man sich als verantwortungsvoller Kreditnehmer also einige Fragen stellen: Kann ich die Raten regelmäßig zum vereinbarten Zeitpunkt zurückzahlen? Sind die Bedingungen, an die mein Kredit geknüpft ist, fair (Zinshöhe, Laufzeit, was passiert bei Fristverletzung bzw. verspäteter Rückzahlung, ...)? Am wichtigsten ist immer die Frage nach der Höhe der Zinsen und wie lange dieser Zinssatz im Vertrag festgeschrieben wird. Hauskäufer wollen z. B. die Zinsrate auf 10 oder sogar 20 Jahre festsetzen.

3.2 Wer hat noch Interesse an meinen Krediten?

Was macht eine Bank?

Den Banken wurde eine wesentlich Mitschuld an den Ursachen der letzten großen „Wirtschafts- und Finanzkrise" gegeben. Banken sind also extrem wichtig für unser Gesellschafts- und Wirtschaftssystem. Viele halten daher die Fragen, welche Aufgaben eine Bank hat und wie der Staat sie kontrollieren sollte, für mit die wichtigsten Fragen im Bereich Politik und Wirtschaft. Also was macht eine Bank überhaupt ...?

M1 Sara will Bankerin werden

Sara: Ich glaube, als Bankerin verdient man nicht schlecht. Und man lernt coole Sachen über Aktien und so. Und man hat jeden Tag mit Menschen zu tun, denen man wirklich helfen kann: Die brauchen Geld und ich kann es ihnen leihen, das ist doch bestimmt ein tolles Gefühl!
Vincent: Kann sein. Aber du kannst ja mit Sicherheit nicht jedem das gewünschte Geld einfach geben. Da gibt es bestimmt Regeln, von deinen Chefs zum Beispiel.
Sara: Oder meiner Chefin, klar. Aber man sitzt sich gegenüber, unterhält sich freundlich und respektvoll, muss ehrlich zueinander sein, und man kann immer ein schickes Kostüm tragen. Das gefällt mir.
Vincent: ...

M2 Was ist eine Bank überhaupt?

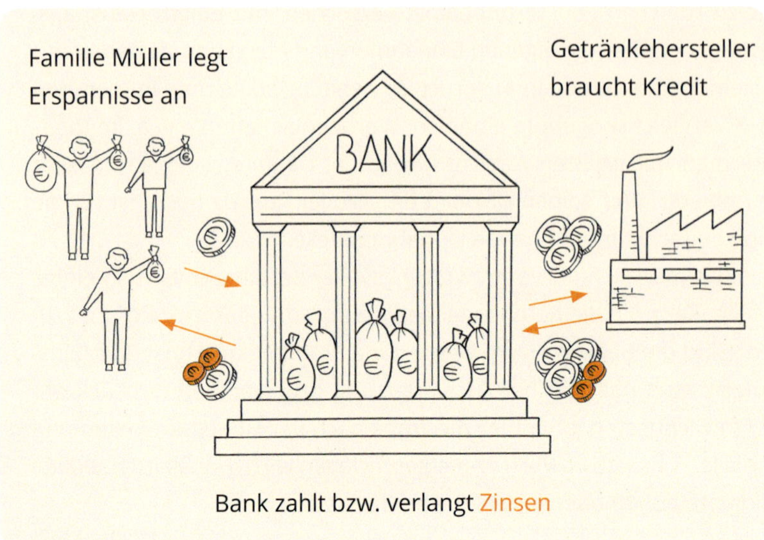

a) Die Bank verleiht Geld

Die allereinfachste Vorstellung, die man von einer Bank haben kann, ist folgende: die privaten Haushalte (z. B. Familie Müller) legen ihre Ersparnisse bei der Bank an (und bekommt dafür Zinsen von der Bank); die Bank gibt diese Ersparnisse in Form von Krediten an Unternehmer weiter (z. B. an den örtlichen Getränkehersteller). Für diesen Kredit zahlt der Unternehmer einen höheren Zins an die Bank als Familie Müller von der Bank bekommt. Von dieser Differenz „lebt" die Bank.

b) Die Bank verdient Geld

In der Realität ist es viel komplizierter. Viele Erwachsene streiten gerade darüber, was eine Bank tun soll und darf: Es gibt zwei sehr unterschiedliche Vorstellungen darüber, wie sich eine Bank im Wirtschaftsgeschehen verhalten soll.

Die einen sagen, dass eine Bank ein ganz normales **Unternehmen** ist und sein darf. Sie versucht – wie alle Unternehmen – ihren Gewinn zu steigern, z. B. auch indem sie an den internationalen Börsen (vgl. Kapitel 2.3) auf fallende oder steigende Kurse „wettet". Das macht sie natürlich mit dem Geld, das ihr zur Verwaltung anvertraut wurde.

Die anderen sagen, dass eine Bank in erster Linie die – für ein funktionierendes Wirtschaftsleben sehr wichtige – Aufgabe hat, Unternehmen und Privatleute mit Geld bzw. fairen Krediten zu versorgen. Dabei darf sie natürlich auch selbst Gewinn machen. Aber ihre eigentliche Aufgabe ist es, „**Dienstleister**" für die Wirtschaft zu sein.

Die wirklich existierenden Banken liegen „irgendwo" auf einer Linie zwischen diesen beiden Extremen. Sie verstehen sich als Dienstleister und verdienen gleichzeitig Geld als Unternehmen.

Dienstleister
Unternehmen stellen entweder **Waren** her und verkaufen diese (z. B. Möbel, Smartphones, Bücher, ...) oder sie verkaufen sogenannte **Dienstleistungen**: diese Unternehmen verkaufen *kein sichtbares Produkt*, sondern z. B. eine *Tätigkeit*, wie Haare schneiden, eine Ware ins Ausland verschiffen oder Schülern Nachhilfe geben.
In diesem Zusamenhang steht „Dienstleister" für die Verantwortung der Banken für das Wirtschafts- und Finanzsystem.

AUFGABEN

1. Was würdest du Sara antworten (**M1**)?
2. „Was ist eine Bank?" Erläutere in möglichst eigenen Worten (**M2**).
3. a) Welche Rolle nehmen Banken deiner Meinung nach ein? Positioniere dich auf einer gedachten Linie zwischen „Unternehmen" und „Dienstleister" quer durch euer Klassenzimmer. Begründe deine Position.
   b) Welche Rolle sollten Banken einnehmen? Ändert sich deine Position auf der gedachten Linie? Begründe.

Ist meine Bank auf meiner Seite?

Viele Kinder gehen gern zur Bank, denn man bekommt gelegentlich ein Bonbon, einen Comic, ein kleines Geschenk zum Weltspartag und so manch andere Aufmerksamkeit. Kinder sehen nur, was sie von der Bank bekommen. Wenn man älter wird, stellt man sich irgendwann die Frage: Ist meine Bank (wirklich) auf meiner Seite? Wollen wir (wirklich) das Gleiche?

M3 Ein Bankberater packt aus

Sonntags schlafe er schlecht , klagt Manuel Holtrich*, denn am Montag müsse er wieder hin: in die Bank, zu seinem Arbeitsplatz. Holtrich ist Anlageberater in der Filiale einer großen Bank. Verkaufen, verkaufen, verkaufen, heißt die Devise – um jeden Preis. Anfang 2010 veröffentlichte die Zeitschrift "Finanztest" eine Studie über die Qualität der Bankberatung. Ergebnis: Der Großteil der Banken bekam nicht einmal die Note "befriedigend". [...] „Wir müssen 20 Termine pro Woche vor Ort machen, also in der Filiale" , sagt Holtrich. Die Überlegung der Bankvorstände dahinter ist [...]: Kunden sind im Vier-Augen-Gespräch eher dazu bereit, Verträge abzuschließen als etwa fernmündlich. „[...] Wenn ich also Pech habe, sitze ich bis spätabends im Büro und versuche auf Teufel komm raus, Kunden in die Filiale zu bestellen."

Den Filialleitern und deren Vorgesetzten gehe es vor allem darum, den Menschen irgendetwas zu verkaufen, und sei es nur eine Kreditkarte, auch wenn die nicht besonders lukrativ sind, behauptet der Berater. „Besonders heikel sind die so genannten Aktionslisten, mit deren Hilfe ich ganz bestimmte Produkte verkaufen muss. Letztlich gibt mir ein Computersystem vor, welche Investments ich zu verkaufen habe . Nicht ich als Berater entscheide darüber, wie sinnvoll und passend eine bestimmte Anlage für meinen Kunden ist." [...]

Wenn selbst die persönliche Anwesenheit des Chefs nicht hilft, dem Berater Beine zu machen , werden, so Holtrich, schriftliche Vereinbarungen getroffen, Selbstverpflichtungen, in denen Maßnahmen zur Umsatzsteigerung festgehalten werden und auf die sich Chefs später gerne berufen, wenn es mal wieder nicht so läuft. „Da wird auch mal mit einer Abmahnung gedroht", so Holtrich. Es werde ein ungeheurer Druck aufgebaut und deshalb nur noch sehr oberflächlich beraten. Bisweilen, behauptet Holtrich, werde den Kunden auch nicht die ganze Wahrheit erzählt, etwa wenn es um die Risiken einer Anlageform gehe.

Dem Bankenverband sind solche Vorkommnisse durchaus bekannt. „Ich will nicht abstreiten, dass nicht alles zum Besten steht", sagt ein Verbandssprecher, spricht aber von „Einzelfällen" . Bei der Dienstleistungsgewerkschaft Verdi ist man anderer Ansicht. „Wir haben Tausende von Zuschriften bekommen, die alle Ähnliches berichten", sagt Mark Roach von Verdi.

**Name von der Redaktion geändert*
Niels Kruse, www.stern.de, 29.3.2010

M4 „Mein Herz brennt für unsere Kunden"

Tatsächlich geführtes, anonymes Interview mit einem Bankberater

Was halten Sie als Bankberater von den formulierten Missständen im Stern-Artikel?

Ehrlich gesagt gar nichts. Da ist jemand mit seinem Beruf überfordert und schießt nun gegen das eigene Unternehmen – das gibt es überall. Bankberater sind natürlich auch Verkäufer, wer das nicht wahrhaben will, sollte nicht Bankberater werden.

Aber die gemachten Vorwürfe gehen ja weit darüber hinaus: Kennen Sie auch diese Art Druck verkaufen zu müssen?

Banken sind normale Unternehmen, die Dienstleistungen erbringen. Wir haben Sachkosten und Personalkosten, die bezahlt werden müssen. Natürlich wird da geschaut, was der einzelne Berater mit seiner Zeit macht. Die Frage ist ja auch: Wie geht ein erfolgloser Chef mit seinen Mitarbeitern um? Aber grundsätzlich erscheinen mir die geschilderten Geschehnisse sehr übertrieben. Allerdings gibt es natürlich in jeder Branche auch schwarze Schafe. In seriösen Firmen mit einem Betriebsrat gibt es so etwas aber nicht.

Bankberater als Verkäufer – dennoch glauben ja viele, der Bankberater sei „auf ihrer Seite"?!

Muss er ja auch! Der Obstverkäufer auf dem Markt will auch, dass am Ende des Tages sein Obstkorb leer ist, will Ihnen aber auch kein schlechtes Obst verkaufen – damit Sie wiederkommen! Ich bin nun seit 35 Jahren Bankkaufmann und kann guten Gewissens sagen: Ich habe immer versucht, meine Kunden dahingehend zu beraten, dass sie irgendwann in ihren eigenen vier Wänden leben dürfen, dass sie nicht ohne ausreichenden Versicherungsschutz durch die Gegend laufen – manche haben keine Haftpflichtversicherung und das ist grob fahrlässig! – dass sie im Alter nicht verarmen etc. etc. Mein Herz brennt für unsere Kunden!

Interview: Florian Benz, 19.9.2016

AUFGABEN

1. a) Arbeite heraus, mit welchen Strategien Banken die Gewinne auf Kosten der Kunden erhöhen sollen (**M3**).
b) Erläutere, wie es dem Bankberater (**M3**) an seinem Arbeitsplatz geht.

2. a) Vergleiche die Kernaussagen von **M3** mit denen aus **M4**.
b) Welches Material hälst du für glaubwürdiger und realsistischer: **M3** oder **M4**? Begründe.

3 a) Nimm Stellung, wer am ehesten gefordert ist, etwas gegen die in **M3** beschriebenen Missstände zu unternehmen.
b) Erstellt in Kleingruppen eine Tabelle möglicher Gegenmaßnahmen.
c) 1-2 Teilnehmer wechseln nun in eine andere Kleingruppe: Vergleicht und diskutiert eure Ideen.
d) Beurteile: Wie realistisch sind eure Vorschläge?

H **zu Aufgabe 1**
Achte vor allem auf die farbig unterlegten Textabschnitte (**M3**).

F Stell dir vor, Sara hat ihre Ausbildung zur Bankkauffrau erfolgreich beendet (**M1**) und übernimmt Manuel Holtrichs Arbeitsplatz (**M3**). Beschreibe, wie sie sich hier deiner Meinung nach verhalten würde (bzw. verhalten sollte).

F Recherchiert auf den Internetseiten der Verbraucherzentralen, woran man eine seriöse Bankberatung erkennt und auf was man als Kunde achten sollte. Bereitet eine kurze Präsentation dazu vor.

Wer entscheidet, wann ich einen Kredit bekomme?

Leihst du manchen deiner Freunde eher Geld als anderen? Zahlst du selbst deine Schulden immer pünktlich zurück? Oder hast du schon mal darauf gehofft, dein Gläubiger würde deine Schulden vielleicht vergessen? Aus ähnlichen Gründen ist es für Erwachsene nicht immer leicht, einen Kredit zu bekommen. Aber wer oder was entscheidet am Ende darüber?

M5 Sara wundert sich

Sara: Jetzt schau dir mal dieses Plakat hier an: „Null-Prozent-Finanzierung!" Das ist ja super. Ich kriege also einen Kredit ganz ohne Zinsen. Da hole ich mir doch die neue Playstation.
Vincent: Das gilt doch nur für Erwachsene – halloooo!!
Sara: Dann schick ich eben meinen Bruder, der ist 18. Dann zahl ich einfach dem die Raten.
Vincent: Die geben mit Sicherheit nicht jedem den Kredit ...
Sara: Aber das steht da doch! „Hingehen und ‚Null-Prozent-Finanzierung' abholen!" Warum sollte es also nicht klappen?

M6 Welche Bonitätskriterien gibt es?

Jemand, der sehr kreditwürdig ist, hat eine hohe **Bonität**. Das Wort kommt aus dem Lateinischen und bedeutet „Vortrefflichkeit".

Ob eine Bank einen Kredit vergibt, oder nicht, richtet sich am Ende nach den sogenannten Bonitätskriterien eines Kunden. Bonität bedeutet Kreditwürdigkeit. Dabei spielen die folgenden Fragen für die Banken eine wichtige Rolle:

a) Wie hoch ist das regelmäßig erzielte Einkommen?
b) Welche beruflichen und fachlichen Qualifikationen sind vorhanden? Wie hoch ist das Risiko, arbeitslos zu werden?
c) Wie ist die Einnahmen-Ausgaben-Situation? In welcher Höhe wären Monatsraten machbar?
Lassen sich die Einnahmen mittelfristig erhöhen und/oder die Ausgaben senken?
d) Wie gewissenhaft verlief die bisherige Kontoführung? Wie oft und wieviel wurde überzogen?
e) Wie gewissenhaft wurde bisherigen Zahlungsverpflichtungen nachgekommen? Gibt es unbezahlte Rechnungen oder gar frühere Kreditausfälle?
f) Gibt es sogenannte „Sicherheiten", wie z. B. ein Haus, ein Grundstück, eine wertvolle Briefmarkensammlung oder Ähnliches?
g) Gibt es diese Sicherheiten evtl. im erweiterten Familienkreis? Erklärt sich z. B. eine Großmutter, ein Elternteil, eine Tante ... bereit, Eigentum als Sicherheit anzubieten?

M7 Welchen Einfluss hat die „Schufa"-Auskunft?

Frequently Asked Questions (FAQ)

Wer oder was ist die Schufa überhaupt?
Die „Schutzgemeinschaft für allgemeine Kreditsicherung" (Schufa) wurde im Jahr 1927 gegründet und ist seit dem Jahr 2002 eine Aktiengesellschaft – keine staatliche Behörde.

1. Was macht die Schufa?
Die Schufa weiß über so gut wie jeden erwachsenen Deutschen etwas. Sie wertet das Zahlungsverhalten von Privatleuten und Unternehmen aus und trifft Vorhersagen über die Kreditwürdigkeit jedes Einzelnen. Mit Partnern wie Banken, Versicherungen, Versandhändlern, Telefongesellschaften, Energieversorgern tauscht sie Informationen aus. Sie ist also zugleich Informationslieferant und -abnehmer.

2. Welche Daten sammelt die Schufa über mich?
Die Schufa speichert rund eine halbe Milliarde Bonitäts-Informationen. Sie speichert Name, Geburtsdatum, Adresse (auch frühere), Bankkonten, Kreditkarten, Versandhandels- und Telekommunikationskonten, Ratenzahlungsgeschäfte, Kreditverträge.
Sie hat laut eigener Homepage keine Informationen über Vermögen, Einkommen, Beruf, Kaufverhalten, Familienstand, Nationalität. [...] Zu über 90 % der gespeicherten Personen liegen keine negativen Daten vor.

3. Entscheidet ein negativer Schufa-Eintrag über meine Kreditvergabe?
In Deutschland herrscht Vertragsfreiheit. Jedes Unternehmen entscheidet frei, mit wem es einen Vertrag abschließen möchte und wie dieser gestaltet ist. Die Schufa unterstützt Entscheidungen durch Informationen, trifft sie aber nicht.
Bei Banken und anderen kreditgebenden Unternehmen fließen häufig noch zahlreiche andere Informationen in eine Entscheidung über einen Kredit ein, die der Schufa gar nicht vorliegen: zum Beispiel Einkommen, Arbeitsverhältnis oder Vermögen.

4. Warum wird die Schufa kritisiert?
Kritiker werfen der Schufa eine intransparente Berechnung der Kreditwürdigkeit vor. Unklar sei, inwieweit allein ein unvorteilhafter Wohnort (z. B. wenn die eigene Adresse in einem Gebiet liegt, in dem oft Kredite nicht zurückgezahlt werden) dazu führt, dass die eigene Kreditwürdigkeit herabgestuft wird.
Es kam auch schon zu fehlerhaften Einträgen, die für die Betroffenen aufwendig zu korrigieren sind. Viele Betroffene wissen gar nicht, dass es an einer negativen Bonitätsauskunft zu ihrer Person liegt, wenn ein Mietvertrag nicht zustande kommt oder die benötigte Warenlieferung ausbleibt. Viele Kreditanfragen innerhalb kurzer Zeit – z. B. bei einem geplanten Immobilienkauf um Vergleichsangebote einzuholen – führen laut Kritiker zu einer schlechteren Bonitätsbewertung.

5. Was kann ich tun?
Die Schufa muss auf Anforderung einmal pro Jahr eine gebührenfreie "Datenübersicht" bereitstellen. Dabei handelt es sich um eine vollwertige Eigenauskunft/Selbstauskunft, die alle von der Schufa über Sie gespeicherten Informationen enthalten muss. Außerdem erfahren Sie, woher die Daten stammen und an wen sie weitergeleitet wurden. Nutzen Sie Ihre Datenschutzrechte! Nehmen Sie im Zweifelsfall schnell Kontakt mit der Schufa auf: wie bei jeder Großorganisation liegt zwar auch dort Manches im Argen - die Auskunftei hat aber kein Interesse, Ihnen das Leben grundlos schwer zu machen.

1-3: Nach: www.schufa.de, Mythen über die Schufa; 4-5: Robert Chromow, Schufa-Auskunft aus Verbrauchersicht, www.akademie.de, 24.4.2013

KOMPETENZ: Methode

Ein Rollenspiel durchführen

In einem Rollenspiel schlüpft man, wie bei einer Theaterrolle, in die Haut einer anderen Person. Dadurch ist es einfacher, deren Situation nachzuvollziehen und zu verstehen und eine Konfliktlösung zu erzielen.

	Beispiel: „Wer bekommt einen Kredit?"
Schritt 1: Vorbereitung in Partnerarbeit	
Bereitet in Partnerarbeit oder in kleinen Gruppen die Rollen vor. Arbeitet dazu die Eigenschaften und Ansichten einer Rolle heraus.	Wendet die Fragen a) – g) zur Bonität (**M6**) auf eine Person aus **Kapitel 3.1, M2** (Leni, Paul Leo, Stefanie) an. Erstellt in Stichworten die Antworten der jeweiligen Person.
Schritt 2: Präsentation vor der Klasse	
Entscheidet, wer das Rollenspiel vor der Klasse aufführen darf.	Spielt euren Dialog vor der Klasse vor. Partner **A** übernimmt die Rolle des **Bankberaters**; Partner **B** die Rolle des **Kreditnehmers**.
Spielt euer Rollenspiel so konzentriert wie möglich. Die anderen Klassenmitglieder sind Beobachter. Sie schauen aufmerksam zu und machen sich Notizen zu den einzelnen Szenen und Spielern (z. B. Wurden die Personen glaubwürdig dargestellt? Wurden überzeugende Gründe und Argumente verwendet? ...)	Lasst am Ende die Klasse entscheiden: Wird der Kredit gewährt oder nicht?
Schritt 3: Nachbesprechung im Klassenplenum	
Die Spieler sprechen über ihre Gedanken und Gefühle, die sie bei der Umsetzung der Rolle hatten. Dann erst beschreiben die Zuschauer ihre Beobachtungen.	Am Ende jedes Rollenspiels kann man folgende Fragen stellen: Was hat euch das Rollenspiel gezeigt? Was habt ihr daraus gelernt? Welche Verhaltensmuster wurden deutlich? Inwiefern ist man der Lösung eines Konflikts näher gekommen?

AUFGABEN

1. a) Schlüpft spontan in die Rollen von Sara und Vincent und spielt den Dialog weiter (**M5**).
   b) Diskutiert in Partnerarbeit, wer von den Beiden Recht hat.
2. Welches Eigentum würdet ihr als Eltern euren Kindern als Sicherheit für einen Immobilien-Kredit anbieten (**M6**)?
3. Gestaltet eine knappe, aber informative Plakatausstellung zum Thema „Schufa". Jede Kleingruppe ist für einen der Punkte 1-5 zuständig (**M7**).
4. Erläutere, welche Rolle die Schufa bei der Kreditvergabe spielt (**M7**).

F Bei einigen Fragen aus **M6** haben mögliche Kreditnehmer evtl. einen gewissen Anreiz, nicht ganz ehrlich zu sein. Begründe, bei welchen.

F Beurteile, inwiefern der Verbraucher genügend Rechte gegenüber der Schufa hat (**M7**).

GRUNDWISSEN

WER HAT NOCH INTERESSE AN MEINEN KREDITEN?

DIE ROLLE DER BANKEN (M1-M2)

Eine Bank will mit einem möglichst kreditwürdigen Kunden Geld verdienen. Eine Kreditnehmerin will sich mit einem möglichst billigen Kredit mit zusätzlichem Geld versorgen. So ist es in der Wirtschaft oft: Ein Anbieter trifft auf einen Nachfrager, ein Geschäft kommt zustande und beide haben etwas davon (Ökonomen nennen das eine win-win-Situation).

EINE BANK HAT AUCH EIGENE INTERESSEN (M3-M4)

Die Rolle der Banken im Wirtschaftskreislauf ist zum Teil umstritten. Manche fordern die Banken auf, sich auf die Rolle als Dienstleister zu beschränken. Andere halten wiederum die Banken für „normale" gewinnorientierte Unternehmen. Grundsätzlich aber haben Banken natürlich auch „eigene" Interessen, die sie verfolgen (dürfen).

Um als Verbraucher auf dem Kreditmarkt das Beste für sich herauszuholen bzw. um sich zu schützen, muss man sich gut informieren. Zwar hat der Gesetzgeber einige Regeln erlassen, die Kreditnehmer schützen sollen (z. B. müssen von Beratungsgesprächen Protokolle gemacht werden). Aber vor allem muss man selbst informiert und kritisch sein.

BANKEN PRÜFEN, WEM SIE EINEN KREDIT GEWÄHREN (M5-M7)

Ein Kreditvertrag kommt zwischen Bank (Anbieter) und Kunde (Nachfrager) zustande. Um sich vor risikoreichen oder sogar betrügerischen Kunden zu schützen, fragen Banken (und viele andere Unternehmen) bei der Schufa an, welche Daten über den jeweiligen Kunden zur Verfügung stehen. Einen negativen Schufa-Eintrag bekommt man, wenn man Rechnungen nach mehreren Mahnungen nicht bezahlt oder Kredite nicht zurückzahlen konnte. Eine negative Schufa-Auskunft gilt als KO-Kriterium bei einer Kreditvergabe.

Am Ende entscheidet jede Bank – ausgehend von der Analyse der Schufa-Daten – selbst, wie sie die verschiedenen Bonitätskriterien der Kunden ordnet und gewichtet, und ob die Kundin am Ende den beantragten Kredit bekommt oder nicht. Die Höhe des regelmäßig erzielten Einkommens, die erreichten Bildungsabschlüsse und die verfügbaren Sicherheiten spielen dabei meist die größte Rolle.

3.3 Wie vermeide ich zu hohe Schulden?

Welche Wege führen in die Schuldenfalle?

Manche Jugendliche stellen sich vielleicht die Frage, warum am Ende des Taschengeldes immer noch so viel Monat übrig ist. Ab wann ist man nicht nur „verschuldet", sondern „überschuldet"?

M1 Ist Sara verschuldet oder überschuldet?

Sara: Meine neue Playstation ist super. Ich zahle meinem Bruder monatlich 30 Euro dafür.
Vincent: Du bekommst doch nur 40 Euro Taschengeld. Lebst du jetzt von 10 Euro im Monat, oder was?
Sara: Quatsch. Mit regelmäßig Babysitten hatte ich bisher immer 80 Euro. Letzten Monat haben die mich allerdings kein einziges Mal gebraucht. Und die Familie meinte auch schon, die nächsten paar Monate werde ich wohl auch nicht oft gebraucht werden.

M2 Auch junge Erwachsene leben auf Pump

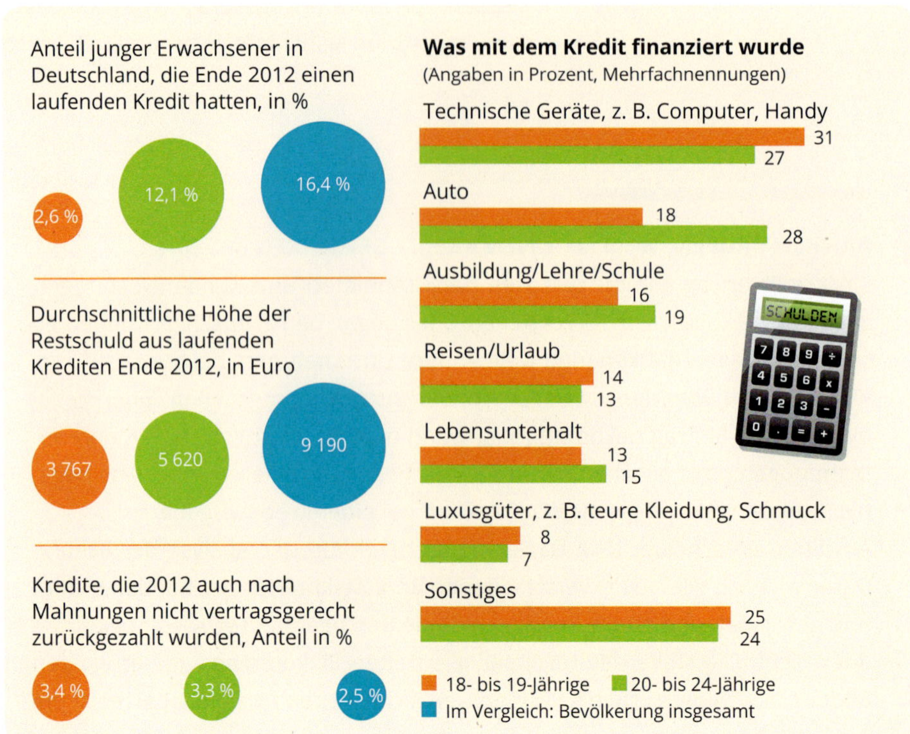

Quelle: Schufa (Kredid-Kompass2013), GfK (2013); Globus-Grafik 5651

ÜBERSCHULDUNG

Wer sich Geld leiht oder einen Kredit aufnimmt, ist verschuldet. Überschuldung liegt vor, wenn nach Abzug der finanziellen Mittel für den grundlegenden Lebensbedarf (Essen, Trinken, Wohnung, Strom, Wasser) das verbleibende Geld nicht mehr ausreicht, um die Zahlungsverpflichtungen pünktlich zu erfüllen.
Menschen, die akut von Schulden bedroht werden, sind daher meistens bereits in der Situation der Überschuldung. Dann sollte man sich so schnell wie möglich beraten lassen, um nicht noch tiefer in den Schuldensumpf zu rutschen.

Nach: www.planet-schule.de, jung und pleite

M3 Häufigste Ursachen für Überschuldung

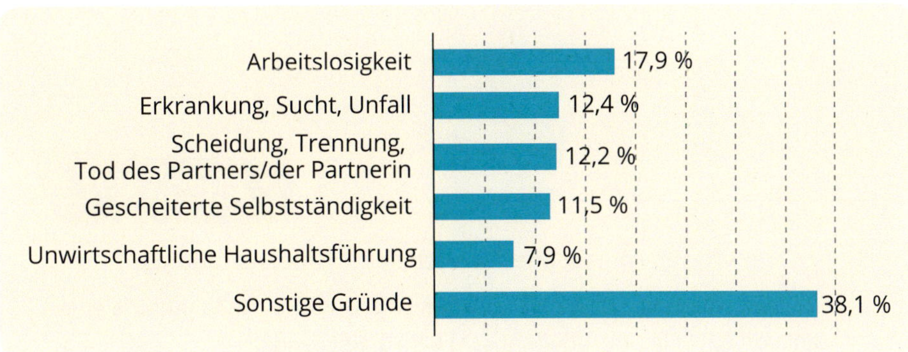

www.statista.de, Zahlen: Creditreform, Statistisches Bundesamt 2015

M4 Überschuldet! Folgen für Betroffene ...

Leni Sommer, 19 Jahre, Auszubildende zur Polizistin im mittleren Dienst

Paul Ruh, 26 Jahre, arbeitsloser Grafikdesigner

Leo Wild, 36 Jahre alt, alleinerziehender Vater, Koch

Stefanie Traum, 50 Jahre, Universitätsprofessorin

M5 Folgen der Überschuldung

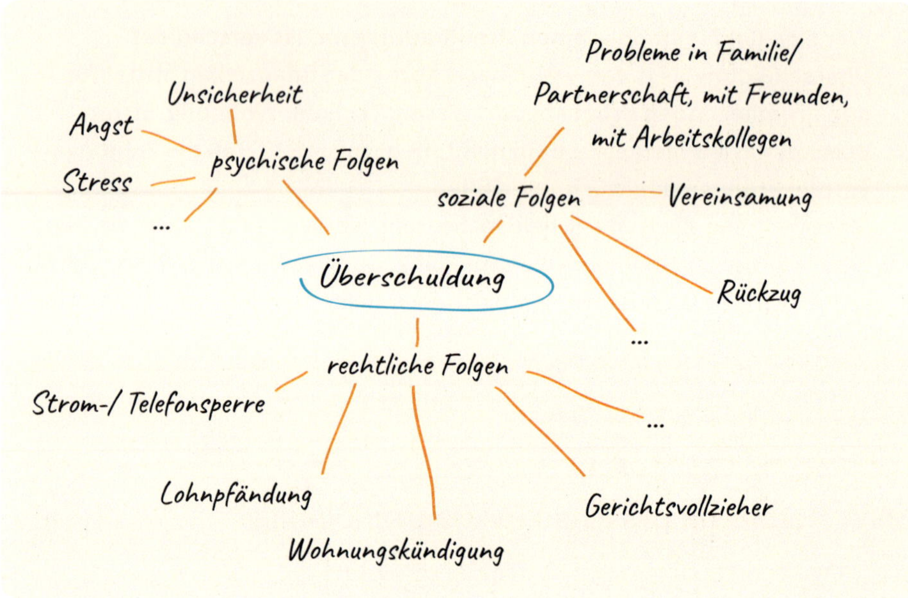

AUFGABEN

1. Ist Sara (**M1**) verschuldet oder überschuldet (**#Überschuldung**)?
2. Für wie problematisch hältst du Saras Situation? Beurteile mithilfe einer Zahl von 0 (völlig unproblematisch) bis 10. Begründe.
3. a) Stelle die Kernaussage der beiden Statistiken in jeweils zwei Sätzen dar (**M2, M3**).

   b) Begründe, wer deiner Meinung nach am ehesten in der Verantwortung steht, etwas zu tun: Eltern, Freunde, Schule, Unternehmen, der Gesetzgeber (**M2, M3**).
4. Ein allzu sorgloser Umgang mit dem Handy und/ oder dem Dispositionskredit gilt oft als Auslöser für Überschuldung bei Jugendlichen und jungen Erwachsenen. Beschreibe deine Erfahrungen und Gedanken hierzu.
5. Stelle dir vor, alle 4 Personen aus **Kapitel 3.1, M2** haben sich überschuldet. Erläutere die Folgen für jede(n) Betroffene(n) (**M4, M5**).
6. Tausende Kinder leben alleine in Stuttgart in „überschuldeten" Haushalten. Was bedeuten die Folgen für einen Schüler der achten Klasse wohl konkret in seinem Leben? Erläutere (**M5**).
7. Notiere zwei gute und zwei schlechte Ideen, wie z. B. Sara (**M1**) aus der „Schuldenfalle" herauskommen könnte. Vergleiche deine Ideen mit denen eines Partners.

H **zu Aufgabe 4**
Ab welchem Alter sollten Jugendliche ein eigenes Handy/ Konto haben? Wie stark dürfen bzw. sollen Eltern hier Kontrolle ausüben?

H **zu Aufgabe 6**
Soziale Vereinsamung könnte bei einem Schüler z. B. bedeuten, dass er am Klassenausflug am Wandertag nicht teilnehmen kann.

Wege aus der Schuldenfalle

Tausende Kinder leben in Stuttgart in „überschuldeten“ Haushalten. Stelle dir vor, deine Eltern wären überschuldet. Welche Folgen hätte das für dich und dein Leben? Und wie könnten deine Eltern aus dieser Schuldenfalle herauskommen?

M6 Sara ist in der Schuldenfalle

Sara: Ich weiß nicht mehr, was ich machen soll. Mein Bruder besteht auf der monatlichen Rate von 30 Euro, da er selbst knapp bei Kasse ist, meine Babysitter-Familie hat mir ganz gekündigt und meine Eltern haben mein Taschengeld wegen schlechter Noten auf 20 Euro halbiert.

Vincent: Oh Mann, hört sich übel an. Du musst dir einen neuen Job suchen!

Sara: Versuch ich ja, aber das klappt so schnell nicht. Außer Babysitten kann ich doch auch nix.

Vincent: Ich hab einen Kumpel, der Supermarktregale auffüllt. Soll ich den mal fragen?

Sara: Das wäre super. Aber bis ich da Geld sehe, dauert es auch ewig! Ich brauche **jetzt** Kohle!

Vincent: Du kannst doch Gitarre spielen. Spiel doch in der Fußgängerzone!

M7 So bekommst du deine Finanzen in den Griff

M8 Privatinsolvenz: Schuldenfrei im Nullkommanix?

Im Jahr 2011 waren 51.300 Personen in Stuttgart überschuldet. Tendenz: steigend. Fast jede dritte Person, die 2011 von der Zentralen Schuldnerberatung Stuttgart beraten wurde, war jünger als 30 Jahre alt.
Quelle: www.zsb-stuttgart.de

Sechs bescheidene Jahre, dann ist der Spuk vorbei. Das ist – stark vereinfacht – die Idee bei einer Privatinsolvenz. Doch auch, wenn am Ende die ersehnte Schuldenfreiheit steht, sechs Jahre können ziemlich lang sein. [...] Grundsätzlich funktioniert die Privatinsolvenz so: Zuerst müssen Verbraucher versuchen, sich außergerichtlich mit ihren Gläubigern zu einigen. Dabei helfen Beratungsstellen der Schuldnerhilfen und Verbraucherzentralen. Gelingt das nicht, kann der Betroffene beim zuständigen Gericht einen Antrag auf Eröffnung des Insolvenzverfahrens sowie auf Erteilung der Restschuldbefreiung stellen. Ab dann kümmert sich ein Insolvenzverwalter um das Verfahren.

Insolvenz
Zahlungsunfähigkeit

Dabei werden zunächst die Schulden festgestellt. „Eventuell noch vorhandene Vermögenswerte werden gepfändet und der Erlös an die Gläubiger verteilt", erklärt Stefanie Laag [Finanzexpertin der Verbraucherzentrale NRW]. Danach schließt sich die sogenannte „Wohlverhaltensphase" an. Zusammen mit dem Insolvenzverfahren dauert diese drei bis sechs Jahre. Hat der Schuldner ein Einkommen, kann er in dieser Zeit teilweise nicht mehr frei darüber verfügen. Er muss Teile davon an den Insolvenzverwalter abtreten, der damit zunächst die Verfahrenskosten zahlt und es dann an die Gläubiger verteilt. [...] Grundsätzlich darf er nur das behalten, was zum Leben notwendig ist. [...] Vermögen, auch Wohneigentum darf der Schuldner nicht behalten, Sachwerte wie z. B. Gemälde, Musikinstrumente werden gegebenenfalls versteigert. Strenger sind künftig auch die Regeln bei einem Auto. [...] Nach Ablauf des Verfahrens werden die restlichen Schulden erlassen – auch dann, wenn der Schuldner zwischenzeitlich gar nichts tilgen konnte.

Katharina Schneider, www.handelsblatt.com, 30.6.2014

M9 Kann der Staat mich vor der Schuldenfalle schützen?

a) Jugendliche dürfen ihr Girokonto nicht überziehen.

b) Werbung für Kredite muss „den Kriterien der Redlichkeit und Eindeutigkeit [...] genügen und darf nicht irreführend sein" (Preisangabenverordnung § 6a (1)).

c) Die Provision, die ein Vermittler für die Darlehensvermittlung erhält, muss ausgewiesen werden.

d) In der Werbung darf nur mit einem Zins geworben werden, dem mindestens zwei Drittel der aufgrund der Werbung zustande gekommenen Geschäfte entsprechen (§ 6a (3) Preisangabenverordnung). Die Anbieter dürfen also nicht mit einem besonders guten Zinssatz werben, den nur wenige Kunden erhalten würden.

KOMPETENZ: Urteilen

Urteilen anhand von Kriterien

Ein Urteil ist mehr als nur eine Meinung. Ein Urteil muss nachvollziehbar und transparent sein, damit es andere überzeugen kann. Um etwas beurteilen zu können, braucht man einen **Maßstab**, an dem man sich **orientieren** kann.

Man kann z. B. ein Fußballspiel als „Weltklassespiel" oder als „Grottenkick" beurteilen, aber woran macht man das fest? Bei diesem Beispiel würden die meisten wohl **Kriterien** wie „Atmosphäre im Stadion"; „Anzahl der Tore"; „spannende Schlussphase" o. Ä. heranziehen.

Bei politischen und ökonomischen Beurteilungen spielen die Kriterien **Gerechtigkeit** und **Wirksamkeit** sehr oft eine Rolle.

- Führt die Regelung also zur Lösung des Problems (d. h. ist sie wirksam)?
- Empfindet die Mehrheit der Betroffenen diese Regelung als fair (d. h. ist sie gerecht)?

Wenn ich ein Urteil fälle, muss ich Kriterien anwenden und diese offen legen.

Beispiel Privatinsolvenz (M8)	inwiefern wirksam?	inwiefern gerecht?
Bevor ich zum Gericht gehe, muss ich versuchen mich mit meinen Gläubigern zu einigen.		
Als Schuldner darf ich sechs Jahre lang nicht frei über mein Einkommen verfügen.		
Ich darf sechs Jahre lang nur das behalten, was „zum Leben benötigt" wird.		
Nach sechs Jahren bin ich schuldenfrei – egal wie viel ich in diesem Zeitraum abbezahlen konnte.		
Ob selbst schuld an der Überschuldung oder nicht: alle werden gleich behandelt.		
...		

BITTE INS HEFT!

M10 „Fit for Finance"?

Wie schnell man in den Miesen landet, das hätten Fabian und Jannik nicht gedacht. Sie verdienten ordentlich, konnten sich Smartphone, Reisen, Auto leisten, Fabian hatte ein WG-Zimmer gemietet, Jannik eine kleine Wohnung. Aber sie versuchten sich im Glücksspiel – und verloren. „Plötzlich hatten wir 700 Euro Schulden", sagt Fabian. Die Bank verlangte Zinsen. „Da kamen wir dann einfach nicht wieder raus."

Zum Glück für die beiden Gesamtschüler war die Schuldenfalle nur simuliert: Fit for finance heißt das Spiel, mit dem Wirtschaftsstudenten der Universität Münster Jugendliche [...] auf den Umgang mit Geld vorbereiten möchten. [...] Johannes Wimmer [...] erklärt, worauf man als Jugendlicher beim Thema Finanzen achten sollte: [...]

Die Vertragsfalle

[...] Mobilfunkverträge sind oft verlockend, weil man beim Abschluss ein Gerät gratis erhält. Aber sie können teuer werden: Wer nicht rechtzeitig kündigt, muss gleich ein ganzes Jahr weiterzahlen. Auch Fitnessclubs locken mit günstigen Einstiegskonditionen, die Mitgliedschaft verlängert sich automatisch. „Am besten tragt ihr die Kündigungstermine sofort im Kalender ein", rät Wimmer. [...]

Das Schockrisiko

[...] Wer nicht immer auf Kante näht, sondern Rücklagen bildet, der muss nicht gleich das Konto überziehen, wenn es mal einen Strafzettel fürs zu schnelle Fahren gibt [oder eine Autoreparatur teuer wird].

Das Minenfeld im Kleingedruckten

Das Smartphone für null Euro, All-inclusive-Reisen zu Schleuderpreisen [...]. [Wimmer] rät den Schülern zur Lektüre des Kleingedruckten: Wie hoch sind die Folgekosten? Welche Leistungen sind wirklich inklusive?

Die Dispogefahr

Per Lastschrift zu bezahlen ist verlockend. [...] [Aber] Dispozinsen türmen sich oft zu Schuldenbergen auf. Wimmer empfiehlt den Schülern daher für den Anfang das Zahlen per Rechnung: Das hilft, die Ausgaben besser im Blick zu behalten.

Friedemann Bieber, www.zeit.de, 9.10.2015

AUFGABEN

1. a) Beschreibe Saras Weg in die Überschuldung (**M6**).
   b) Bewerte, inwiefern Sara selbst Schuld an ihrer Lage ist.
2. Welche der Vorschläge aus **M7** würden Sara jetzt helfen? Welche der Vorschläge hätten Sara vor der Schuldenfalle bewahrt?
3. Erstelle eine Rangliste der allgemein besten vier Vorschläge aus **M7**. Einige dich danach mit deinem Nebensitzer auf die besten vier. Einigt euch anschließend in einer Vierergruppe auf die besten vier. Präsentiert und begründet euren Vorschlag auf einem Plakat.
4. Stelle den Ablauf eines Privatinsolvenzverfahrens grafisch dar (**M8**).
5. Erörtere Vor- und Nachteile der Privatinsolvenz (**M8**).
6. Beurteile das Verfahren zur Privatinsolvenz (**M8**). Hat der Staat hier eine gerechte und wirksame Regelung getroffen (Kompetenz)?
7. Wähle eine der staatlichen Schutzvorschriften aus (**M9**). Beurteile inwiefern diese gerecht und wirksam ist, indem du den **Dreischritt** „Behauptung – Begründung – Beispiel" befolgst.

H zu Aufgabe 6
Achte auf überzeugende Begründungen.

H zu Aufgabe 7
Beispiel für Dreischritt: „Die bloße Angabe, wieviel Zucker in einem Frühstücksmüsli enthalten ist, bringt mir als Verbraucher gar nichts (= Behauptung). Denn ich habe keine Vergleichsmöglichkeit und weiß nicht, ob das vergleichsweise wenig oder viel Zucker ist (= Begründung). Die schon lange geforderte „Lebensmittelampel" würde mir das auf einen Blick ermöglichen: rot stünde für viel Zucker und grün für wenig (= Beispiel).

GRUNDWISSEN

WIE VERMEIDE ICH ZU HOHE SCHULDEN?

WEGE IN DIE SCHULDENFALLE (M1-M5)

Überschuldet ist, wer nach den Ausgaben für den grundlegenden Lebensbedarf (Essen, Trinken, Wohnung, Strom, Wasser) nicht mehr genügend Geld für seine Kreditrate(n) hat. Arbeitslosigkeit ist die häufigste Ursache für Überschuldung in Deutschland. Der plötzliche Tod des Partners bzw. der Partnerin, eine Scheidung oder eine plötzliche Krankheit sind auch bedeutsame Ursachen. Jeder zehnte Überschuldete rutscht wegen unsolider Haushaltsführung in die Schuldenfalle. Ein dauerhaftes Nutzen des Dispokredites gilt dabei als Einstieg in die Schuldenfalle. Wer bei der persönlichen Einnahmen- und Ausgabensituation schnell den Überblick verliert, sollte sich angewöhnen, ein Haushaltsbuch zu führen.
Folgen der Überschuldung können psychischer Art (Ängste, Frustrationen ...), gesellschaftlicher Art (Vereinsamung, Probleme mit Familie / Freunden ...) oder rechtlicher Art (Strom / Telefon abgestellt, Gerichtsvollzieher ...) sein.

WEGE AUS DER SCHULDENFALLE (M6-M10)

Es gibt eine Vielzahl an praktischen Tipps, um wieder den Überblick über seine Finanzen zu erlangen: alles bar bezahlen, (Spontan-)Käufe um mindestens einen Tag verschieben, Widerstandskraft gegen Gruppendruck entwickeln, u. v. m. Zusätzlich kann man sich z. B. durch das Führen eines Haushaltsbuchs mehr Disziplin und Struktur hinsichtlich der eigenen Einnahmen und Ausgaben antrainieren.
Nicht zuletzt gibt es offizielle Anlauf- und Beratungsstellen, die man nutzen sollte. Seriöse Beratung ist stets kostenlos!
Sollte das alles nicht helfen, bleibt das Verbraucherinsolvenzverfahren. Privatinsolvenz bedeutet, sechs Jahre lang nicht über das „eigene" Geld verfügen zu dürfen. Nach diesen sechs Jahren allerdings wäre man schuldenfrei.

SELBSTEINSCHÄTZUNG

In diesem Kapitel hast du dich mit Krediten und Schulden beschäftigt. Wie gut kennst du dich jetzt aus?

Ich kann …	Das klappt schon …	Hier kann ich noch üben …
… Gründe erläutern,warum Menschen Kredite aufnehmen.		Kapitel 3.1: M2, M3 Kapitel 3.3: M2, M3
… Folgen dieser Kreditaufnahme für unterschiedliche Menschen beurteilen.		Kapitel 3.1: M2 Kapitel 3.3: M5, M8
… unterschiedliche Kreditarten charakterisieren.		Kapitel 3.1: M5, M6
… Kreditkosten berechnen.		Kapitel 3.1: M8, M9, M10, Kompetenz: Berechnung von Kreditarten
… die Interessen von Kreditnehmern und Kreditgebern beschreiben.		Kapitel 3.1: M2 Kapitel 3.2: M2, M3, M6
… beurteilen, inwiefern diese Interessen übereinstimmen oder nicht.		Kapitel 3.2: M2, M3, M4, M7
… beurteilen, welche Möglichkeiten ich habe, meine Position auf dem Kreditmarkt zu stärken.		Kapitel 3.2: M6
… Ursachen und Folgen von Überschuldung erläutern		Kapitel 3.3: M2, M3, M5, M8
… beurteilen, inwiefern der Staat sinnvolle Regeln erlassen hat, mich als Kreditnehmer auf diesem Markt zu schützen.		Kapitel 3.2: M8, M9

TRAINING

M1 Jonas R. braucht Geld

Jonas R. studiert seit einem Jahr an einer Fachhochschule. Seine monatlichen Einnahmen belaufen sich auf 800 Euro. Nach den Ausgaben für Miete, Lebensmittel etc. stehen ihm ca. 150 Euro als „Taschengeld" zur freien Verfügung. Wenn er sich extrem sparsam verhält, kann er davon ca. ein Drittel sparen. Seine Eltern können ihn finanziell nicht unterstützen. In den nächsten drei Monaten steht er vor finanziell großen Herausforderungen: Für seine Ausbildung braucht er unbedingt Fachbücher im Wert von ca. 300 Euro. Ein Professor bietet einen tollen Ausflug für seinen Kurs an, der ca. 150 Euro kosten würde. Seine Freunde wollen auf ein gemeinsames Party-Wochenende nach Rom fliegen – das Flugticket für 50 Euro hat er schon vor Monaten gekauft, das Wochenende selbst würde ihn noch einmal ca. 250 Euro kosten. Zusätzlich steht Weihnachten vor der Tür und für alle Geschenke brauchte er bisher immer mindestens 150 Euro. Ein Freund hat ihm angeboten, für 10 Euro die Stunde in einer Bar zu kellnern, aber mehr als 5 Stunden pro Woche will Jonas wegen Familie, Freunde, Freundin und Ausbildung nicht arbeiten.

M2 Werbeanzeige einer Bank

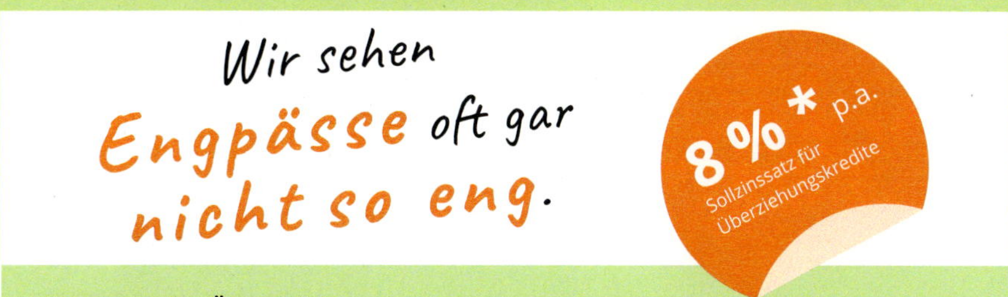

Leistungen im Überblick

- ✓ Verlässlicher finanzieller Spielraum ohne Kreditantrag
- ✓ Einfacher Zugriff – zum Beispiel mit Ihrer Bank-Card oder per Online Banking
- ✓ Bis zur dreifachen Höhe des regelmäßigen monatlichen Geldeingangs: Bonität vorausgesetzt
- ✓ Volle Transparenz auf dem Kontoauszug

Aufgaben

1. Vergleiche die Interessen der Bank hinter der Werbeanzeige aus **M2** mit denen des potentiellen Kreditnehmers Jonas R. **(M1, M2)**.
2. Schreibe einen Brief an Jonas: Rätst du ihm, sich auf die Werbeanzeige hin bei der Bank zu melden oder erscheint dir ein anderer Weg sinnvoller?

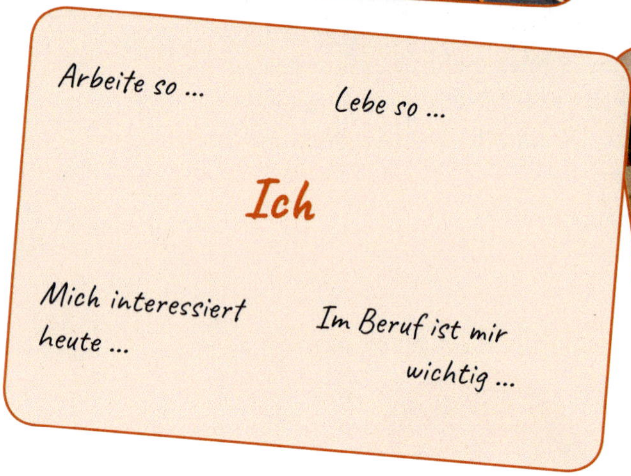

Was weißt du schon?

Wie stellst du dir dein Leben in 20 Jahren vor?

- Wo arbeitest du (im Freien, im Büro, mit Werkzeug, mit dem PC ...)?
- Wie lebst du (Familie, alleine ...)?
- Mich interessiert heute ... (Beruf, Hobby ...)
- Was ist dir an deinem Beruf wichtig (Verdienst, Sicherheit ...)?

a) Erstelle eine Collage zu den Fragen (oben).

ODER

b) Meine Visitenkarte. Teile ein DIN A3-Blatt in vier gleich große Rechtecke. Schreibe in die Mitte deinen Namen und beantworte in jedem Rechteck eine der Fragen (siehe oben).

Präsentiert eure Ergebnisse in einem Galeriespaziergang.

4

#Erste Schritte zum Beruf ...

Noch stehst du mitten in der Schule – aber dein Schulabschluss ist näher als du denkst. Vielleicht hast du schon eine konkrete Idee, was du nach der Schulzeit machen möchtest. Vielleicht brauchst du auch noch Zeit, um dich zu entscheiden. Die Entscheidung für einen Beruf ist sehr wichtig, denn du wirst mit ihm viel Zeit verbringen. Aber welcher Beruf passt zu dir?

Was lernst du in diesem Kapitel?

... deine eigenen Wünsche, Interessen und Fähigkeiten im Hinblick auf deine Berufswahl zu nennen.
... Informationen zur Berufswahl zu suchen und einzuordnen.
... einen Zeitplan für deine Berufsfindung zu erstellen.
... verschiedene Wege nach der Schule zu vergleichen.
... ein Praktikum vorzubereiten.
... Bewerbungsunterlagen zu erstellen.
... was bei Vorstellungsgesprächen wichtig ist.

GEMEINSAM AKTIV

Wir organisieren den Besuch einer Berufsinformationsmesse

Ihr fangt gerade an, euch in der Berufswelt zu orientieren. Da geht es vor allem darum, viele Informationen zu sammeln und sich selbst zu organisieren und zu reflektieren. Das könnt ihr gut einüben, indem ihr euch auf den Besuch einer Berufsinformationsmesse vorbereitet und diesen selbst organisiert.

Geht dabei so vor:

Messebesuch vorbereiten

1. Arbeitet heraus, was ihr gut könnt und was ihr gerne machen wollt (→ Kapitel 4.1: M2-M6). Gebt euch anschließend in Kleingruppen eine Rückmeldung, in welchem Bereich ihr im Moment euren Berufswunsch seht.

2. Jeder für sich recherchiert, zu welchen Berufsfeldern die gewählten Berufe gehören (→ Kapitel 4.2: M2).

3. Bildet Gruppen aus Personen (max. 5), die sich für dasselbe Berufsfeld interessieren. Sammelt Informationen zu dem Berufsfeld und einigen konkreten Berufen (die genauen Tätigkeiten in den Berufen, die Ausbildung, die Verdienstmöglichkeiten, die Arbeitsbedingungen, die Weiterbildungsmöglichkeiten usw). Erstellt zum Berufsfeld einen Fragebogen (→ Kompetenz: Eine Befragung durchführen), den ihr zur Berufsinformationsmesse mitnehmen könnt.

Auf der Messe

4. Geht (z. B. zu zweit) gezielt auf die Betriebe zu, die eine Ausbildung in eurem Berufsfeld anbieten. Stellt die Fragen eures Fragebogens und dokumentiert die Antworten. (→ Kapitel 4.2: Kompetenz: Eine Befragung durchführen)

Messebesuch auswerten

5. Jede Gruppe informiert die Klasse grundlegend über das Berufsfeld (eine allgemeine Beschreibung, welche Interessen sind notwendig, Beispiele für Berufe). Einigt euch auf einen Beruf, den ihr beispielhaft vorstellt. Erstellt dazu eine Präsentation eurer Ergebnisse mit geeigneten Medien (z. B. PowerPoint, Plakate usw.).

6. Präsentiert die Ergebnisse der einzelnen Gruppen. Erstellt eine Übersicht über die verschiedenen Berufsfelder.

KOMPETENZ: METHODE

Portfolio – die Dokumentation meiner Berufswahl

Ein Portfolio ist eine persönliche Mappe oder ein Ordner zu einem bestimmten Thema. Du dokumentierst darin deine Arbeit und beschreibst, was du gelernt hast, was du für besonders wichtig an diesem Thema hältst und was du dir merken möchtest.

In diesem Portfolio zu deiner Berufswahl sammelst du alles, was du im Unterricht dazu bearbeitet hast. Außerdem zeigst du, wie du dich außerhalb des Unterrichts mit dem Thema auseinander gesetzt hast. Es unterstützt dich also dabei, einen Beruf zu finden – du kannst jederzeit in deinem Portfolio nachblättern. Gleichzeitig kann dein Lehrer nachvollziehen, wie du gearbeitet hast.

INHALT des Portfolios:

I. Deckblatt

Dein Ordner sollte ein Deckblatt mit folgenden Stichpunkten haben: Name, Klasse, Anschrift, Schuljahr, evtl. Zeitraum des Betriebspraktikums, Anschrift des Praktikumsbetriebs

II. Inhaltsverzeichnis

III. Inhalt:

Themen	Fragestellungen
Was kann ich, was will ich? Welche Wege kann ich einschlagen?	Worin liegen deine Interessen und Stärken? Welche Berufe kommen für dich in Frage? Wie sieht der mögliche Weg in diesen Beruf aus?
	Hefte alle Dokumente aus dem BORS-Unterricht ab (u. a. Lebenslauf, Anschreiben an den Praktikumsbetrieb ...).
Dokumentiere dein Berufspraktikum	Erläutere, warum du dich für diesen Beruf entschieden hast. Formuliere deine Erwartungen. Stelle den Betrieb vor und erläutere, warum du dich für diesen Betrieb entschieden hast. Stelle den von dir gewählten Beruf ausführlich vor (Voraussetzungen, Ausbildung, Tätigkeiten, Arbeitszeiten, Verdienst, Zukunft des Berufs, Weiterbildungsmöglichkeiten). Beschreibe auch typische Arbeitsvorgänge in diesem Beruf. Erstelle für jeden Tag im Praktikum ausführliche Tagesberichte. Bewerte dabei, was dir gut gefallen hat und was nicht. Führe ein Interview mit einer Person, die den Beruf ausübt, den du im Praktikum kennenlernst.
Reflektiere dein Berufspraktikum	Reflektiere dein Berufspraktikum (Wie hat dir dein Praktikum gefallen, was hat es für deine Berufswahl bedeutet, welchen Eindruck hast du vom Arbeitsleben bekommen?) Denke daran zu begründen! Erstelle einen Zeitplan, wie es für dich nach der Schule weitergeht.

GESTALTUNG des Portfolios:

- Gestalte alle Seiten deines Portfolios ordentlich! Verwende wenige Schriftfarben und hebe Überschriften hervor.
- Verwende gut lesbare Schriftarten (z. B. Arial, Times New Roman oder Calibri, Zeilenabstand 1,5) und achte auf eine gut leserliche Handschrift.
- Ordne Texte und Materialien übersichtlich an.
- Hefte auch die Materialien ab, die du außerhalb der Schule bekommen hast.

4.1 Was kann ich, was will ich?

Was kann ich?

Endlich rückt dein Schulabschluss näher! Dann beginnt eine Zeit, in der du beruflich deinen Interessen und Fähigkeiten nachgehen kannst. Aber hast du über diese Zeit eigentlich schon mal nachgedacht?

M1 Wohin willst du gehen?

Alice:
Würdest du mir bitte sagen, wie ich von hier aus weitergehen soll?

Grinsekatze:
Das hängt zum großen Teil davon ab, wohin du gehen möchtest.

Angelehnt an: Caroll Lewis, Alice im Wunderland, Hildesheim 2016, S.89, Übersetzung: Siv Bublitz

M2 ICH in einer Mindmap

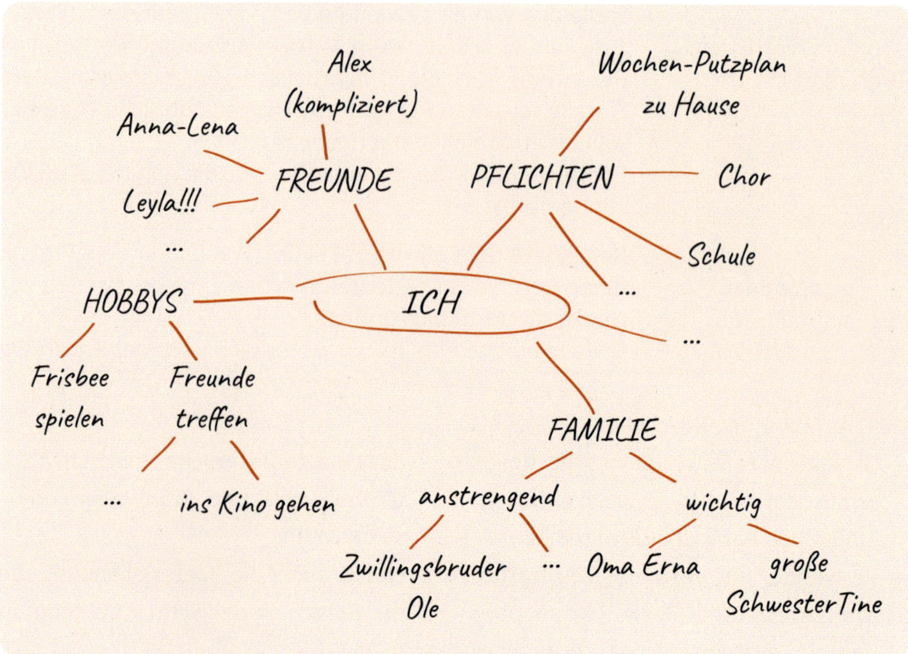

M3 Das macht mir Spaß!

Auch deine Hobbys geben Aufschluss darüber, was du gut kannst. Denn häufig übt man Hobbys deshalb aus, weil man gut darin ist und Spaß an der Tätigkeit hat. Daraus, was wir gerne und häufig tun, können wir erfahren, was wir gut können.

Raja, 15:
Ich spiele total gerne Fußball. In der kommenden Saison möchten wir endlich in die Bezirksstaffel aufsteigen.
Dafür trainieren wir 3x wöchentlich.
Ich spiele meistens im Sturm.

M4 Das kann ich gut!

Wenn du deine Klasse betrachtest, wirst du feststellen, dass ihr alle unterschiedlich seid und verschiedene Fähigkeiten und Interessen habt. Deshalb passt auch nicht jeder Beruf zu allen. Worin liegen deine ganz besonderen Stärken?

Ich kann gut zuhören.	Ich bin hilfsbereit.
Ich bin sehr belastbar.	Ich arbeite gerne im Team.
Ich habe technisches Verständnis.	Ich kann mir Dinge gut merken.
Ich arbeite selbstständig.	Ich bin kreativ.
Ich habe handwerkliches Geschick.	Ich kann logisch denken.
Ich kann Dinge gut verstehen und anderen weitergeben.	Ich habe gute Fremdsprachenkenntnisse.
Ich bin gut im Organisieren.	Ich übernehme gerne Verantwortung.
Ich bin sehr sorgfältig und gründlich.	Ich bin körperlich belastbar.
Ich kann mich gut in Andere hineinversetzen.	Ich überlege mir bei schwierigen Aufgaben genau, wie ich vorgehe.
Ich versuche Aufgaben alleine zu lösen.	Ich bin verantwortungsbewusst.
Ich kann gut auf fremde Menschen zugehen.	Ich lasse mir auch mal sagen, dass ich etwas falsch gemacht habe.
Auch wenn ich eigentlich keine Lust habe, kann ich mich zum Arbeiten zwingen.	Ich verwirkliche meine Ideen auch ohne die Hilfe von Anderen.
Ich bleibe ruhig, auch wenn ich etwas zum x-ten Mal wiederholen muss.	Ich muss nicht immer Recht behalten.

M5 Das Schulfach liegt mir!

Raja mag neben Sport auch Kunst und Englisch, dafür hat sie an Geschichte keine Freude. Auch Physik mag sie nicht so gerne. Aus ihrem Interesse an den Fächern Kunst und Englisch kann Raja schließen, dass sie kreativ, kommunikationsfähig, sprachbegabt und sportlich ist. Andererseits liegen ihr naturwissenschaftliche und technische Bereiche vielleicht weniger ...

M6 Das schätzen andere an dir ...

AUFGABEN

1. Erkläre, was die Aussage der Grinsekatze für deine Berufswahl bedeutet (**M1**).
2. a) Erstelle eine Mindmap zu dir und deinem Leben.
   b) Stelle deine Mindmap einem Partner vor.
   c) Überlegt gemeinsam, welche Fähigkeiten sich ableiten lassen.
3. Was tut Raja (**M3**) alles für ihr Fußballspiel? Leitet daraus Fähigkeiten ab, über die sie verfügt.
4. Wo siehst du deine Stärken (**M4**)? Ordne jeder Fähigkeit einen Smiley zu (☺☺ – ☺ - ☹) und nenne ein Beispiel.
5. a) Erstelle eine Liste mit Schulfächern, die dir gefallen und denen, die dir nicht gefallen (**M5**).
   b) Notiere daneben, was dir an dem Fach gefällt und welche Fähigkeiten damit verbunden sind.
6. Schreibe auf einen Zettel deinen Namen und reiche diesen an deinen Nachbarn weiter. Dieser schreibt eine positive Eigenschaft von dir darauf. Dann gebt den Zettel weiter, sodass jeder Mitschüler etwas Positives über dich aufschreibt. Am Ende bekommst du deinen Zettel wieder – er gehört dir!
7. a) Fasse deine gesammelten Fähigkeiten (**M3**-**M6**) zusammen.
   b) Stelle deine Zusammenstellung einer Vertrauensperson deiner Wahl vor (Eltern, gute Freunde ...). Sie kennen dich gut und können dir eine Rückmeldung geben, was du eventuell noch ergänzen kannst.

H zu Aufgabe 3
Raja spielt in einem Team. Mit dem muss sie sich abstimmen. Sie braucht aber auch Selbstvertrauen, um ein Tor schießen zu können ...

H zu Aufgabe 7
Du kannst auch aus deinen Fähigkeiten ein „Wordle“ erstellen (z. B. auf www.wordle.net). Du kannst es dir als Motivation zu Hause aufhängen.

Was will ich?

„Oh, nein! Heute müssen wir schon wieder ins Chemie-Labor. Da habe ich morgens schon keine Lust zum Aufstehen ..." „Ach, Chemie ist doch OK. Aber wenn ich nur die Sportschuhe sehe ..." Jeder kennt das: Wenn der Spaß und das Interesse an einer Herausforderung fehlen, kann man sich nur schwer motivieren. Wie also möchtest du deinen (Berufs-)Alltag verbringen?

M7 Wie möchte ich arbeiten?

- unterwegs sein
- etwas verkaufen
- etwas organisieren
- Hobby ausüben
- im Büro arbeiten
- in der Gastronomie arbeiten
- reich werden
- sicherer Arbeitsplatz
- Neues entdecken
- im Ausland arbeiten
- im Team arbeiten
- Lebensunterhalt aufbringen
- unabhängig sein
- etwas verwalten
- anderen helfen
- Träume erfüllen
- viel Freizeit
- eigene Chef sein
- Waren herstellen
- erziehen
- in der Werkstatt arbeiten
- Karriere machen
- in Teilzeit arbeiten
- Wissen vermitteln
- im Freien arbeiten
- flexible Arbeitszeit
- im Verkaufsraum arbeiten
- in einem großen Unternehmen arbeiten
- Nachtarbeit
- etwas gestalten
- ...

M8 Berufsentscheidungen – Fallbeispiele

Ich habe mich für die Ausbildung entschieden, weil dieser Beruf sehr vielfältig ist. Angesprochen hat mich die Mischung aus Kundenberatung und Büroarbeit. Dabei war mir wichtig, mit den Kunden persönlich in Kontakt zu stehen, um ihnen mit all ihren Fragen und Wünschen weiterzuhelfen. Zudem kann ich in diesem Beruf mein großes Interesse im wirtschaftlichen Bereich vertiefen. Ein weiterer wesentlicher Punkt für meine Entscheidung war, dass der Beruf des Bankers in unserer Gesellschaft sehr hoch angesehen ist und er viele Weiterbildungsmöglichkeiten nach der Ausbildung bietet.

Laura Mlinar, www.voba-ermstal-alb.de, 20.3.2016

Alexandra, Auszubildende zur Bankkauffrau

Lukas, Auszubildender zum Industriekaufmann

Für mich war wichtig, dass ich nicht nur einen Beruf auswähle, der mir Spaß macht, sondern in dem ich auch Sicherheit habe. Als Industriekaufmann kann ich in meiner Region in vielen verschiedenen Betrieben arbeiten. Ich muss also nicht immer im gleichen Betrieb bleiben. Außerdem verdient man als Industriekaufmann gut.

Jacqueline, Hebammenschülerin

Kleine Kinder haben mich schon immer begeistert. Und als meine große Schwester ein Baby bekam, hatte ich die Idee, Hebamme zu werden. Ich habe dann angefangen, ehrenamtlich junge Mütter zu unterstützen. Das hat mir einen guten Einblick in das Arbeitsumfeld gegeben.
Und jetzt reizt mich zusätzlich der medizinische Hintergrund. Dafür nehme ich auch in Kauf, dass die Arbeitszeiten sehr unterschiedlich sind.

Rami, Auszubildender zum Physiotherapeut

Mir war es wichtig, in meinem Beruf irgendetwas mit Sport zu machen. Außerdem wollte ich einen Beruf, in dem ich mit Menschen zu tun habe und ihnen helfen kann. Der Beruf hat gute Zukunftschancen, denn unsere Bevölkerung wird immer älter und damit brauchen auch immer mehr Menschen die Hilfe von Physiotherapeuten. Toll finde ich an dem Beruf auch, dass man mit so vielen verschiedenen Menschen in Kontakt kommt.

Natascha, Auszubildende zur Chemielaborantin

Für meine Berufswahl war entscheidend, dass ich Spaß an Chemie und Versuchen habe. Nach einem Praktikum habe ich gemerkt, dass es mir tatsächlich liegt. Außerdem ist mein Vater auch Chemielaborant, dadurch habe ich viel mitbekommen, um was es in diesem Beruf geht. Mit Kunden zu arbeiten, hätte ich mir nicht gut vorstellen können. Mir liegt mehr die ruhige und konzentrierte Arbeit.

H zu Aufgabe 2
Sammle zunächst aus **M7**, was auf die Berufswahl der jungen Leute Einfluss genommen hat, und sortiere sinnvoll.

F Befrage eine Person deiner Wahl, wie sie ihren Beruf gefunden hat. Bereite dich auf das Interview vor, indem du dir Fragen notierst. Dokumentiere das Ergebnis des Interviews.

AUFGABEN

1. a) Wie möchtest du arbeiten? Wähle mindestens sieben Merkmale aus (**M7**). Erstelle eine Pyramide. Trage dazu die Bausteine, die für dich am wichtigsten sind, ganz oben ein.
   b) Erkläre einem Partner, warum du die Begriffe so angeordnet hast.
2. Was nimmt Einfluss auf die Berufswahl? Erstelle eine Mindmap (**M8**).
3. Vergleiche deine Wünsche an einen Beruf mit den Fallbeispielen (**M8**).
4. Überprüfe nun deine Pyramide (Aufgabe 1). Bleiben alle Bausteine so stehen?

GRUNDWISSEN

WAS KANN ICH, WAS WILL ICH?

HÖR IN DICH HINEIN: WAS WILLST DU? (M1-M7)

Es ist – auch für Erwachsene – gar nicht so einfach, sich zu überlegen, was man im Leben möchte. Je besser man aber darüber Bescheid weiß, desto besser kann man auch seinen Berufsweg planen.

Für die Wahl eines Berufs ist es wichtig zu wissen, in welchen Bereichen die individuellen Interessen und Stärken liegen. Wenn man etwas gerne tut, macht man es meist auch gut. Und jeden Morgen gerne zur Arbeit zu gehen, ist die beste Voraussetzung für ein zufriedenstellendes Berufsleben.

Zur inneren Orientierung gehört es auch, sich zu überlegen, wie man arbeiten möchte. So haben manche Berufe ihre Tätigkeitsschwerpunkte beispielsweise im Freien. In anderen Berufen arbeitet man in einem Büro oder in einem Geschäft.

Nimm dir Zeit und befrag dich selbst und Menschen, die dir nahe stehen: Womit möchtest du dich beschäftigen, was macht dir Spaß …?

SCHAU DIR DIE MÖGLICHKEITEN AN

Anschließend schau dir an, welche Möglichkeiten es auf dem Berufsmarkt gibt. Wahrscheinlich kennst du noch lange nicht alle Berufsfelder, es gibt viel zu entdecken!

Jede berufliche Tätigkeit benötigt Kenntnisse und Fähigkeiten. Diese sollte man mit den eigenen abgleichen, um herauszufinden, ob der Beruf passend ist.

EINFLUSSFAKTOREN AUF DIE BERUFSWAHL (M8)

Verschiedene Faktoren haben unterschiedlichen Einfluss darauf, welcher Beruf in die nähere Auswahl kommt: Dem Einen ist es wichtig, dass der Arbeitsplatz sicher ist. Der Anderen sind die Aufstiegs- und Verdienstmöglichkeiten besonders wichtig. Für den Nächsten ist die Hauptsache, dass er im Kontakt mit anderen Menschen arbeiten kann. Jeder stellt andere Faktoren in den Vordergrund – und das ist auch richtig so.

4.2 Viele Wege führen zum Beruf ...

Wie kann es nach der Schule weitergehen?

Nach dem Schulabschluss hast du verschiedene Möglichkeiten, wie es für dich weitergehen kann. Manche machen eine duale Ausbildung, andere eine schulische Ausbildung oder gehen auf eine weiterführende Schule. Wieder andere machen ein soziales Jahr, bevor sie sich entscheiden. Doch was ist für dich der richtige Weg?

M1 Wie weiter nach der Schule? Viele Möglichkeiten zwischen FSJ, Ausbildung und Schule

a) Freiwilligendienste

Phillip (18)

„Nach der Mittleren Reife wusste ich nicht so richtig, wie es weitergehen soll mit mir. Außerdem hatte ich nach so vielen Jahren in der Schule erstmal keine Lust mehr zu lernen. Da ich schon immer gerne anderen Menschen geholfen habe und im medizinischen Bereich interessiert bin, mache ich gerade ein FSJ im Krankenhaus. So habe ich festgestellt, dass das genau das Richtige für mich ist! Ich habe mich nun für eine schulische Ausbildungsstelle als Gesundheits- und Krankenpfleger beworben."

Das FSJ (**Freiwilliges Soziales Jahr**) bietet neben dem FÖJ (**Freiwilliges Ökologisches Jahr**) und **Bundesfreiwilligendienst (BufDi)** die Möglichkeit, Einblick in verschiedene Berufsfelder zu bekommen. Ein Einsatz als FSJler, FÖJler oder BufDi dauert zwischen 6 und 24 Monaten. Man erhält in dieser Zeit ein Taschengeld. Die Freiwilligen leisten einen wichtigen Beitrag zum Zusammenleben in der Gesellschaft. Einsatzbereiche können z. B. sein: Kindertagesstätte, Umweltschutzverbände, Museen, Sportvereine, Kirchengemeinden, Feuerwehr, Flüchtlingsunterkünfte, Rettungsdienst, Seniorenheime ...

b) Eine duale Ausbildung

Carina (16)

„Gemeinsam mit meinen zwei Brüdern und meinem Vater haben wir schon als Kinder an Autos geschraubt. Mein BORS-Praktikum hier im Betrieb hat meine Entscheidung dann bekräftigt.
Ich habe mich für eine duale Ausbildung entschieden, weil ich auf jeden Fall gleich ins Berufsleben starten und Geld verdienen wollte. Nach der Ausbildung habe ich viele Möglichkeiten weiter zu machen – z. B. den Meistertitel. Dann könnte ich mit meinem Bruder vielleicht eine eigene Werkstatt aufmachen ..."

Die **duale Ausbildung** erfolgt an zwei Orten: In der **Berufsschule** und im **Betrieb**. Die meisten der 350 anerkannten Ausbildungsberufe werden so erlernt. In der Berufsschule lernt man das theoretische Wissen und im Ausbildungsbetrieb die praktischen Fähigkeiten.
Die Ausbildung dauert – je nach Beruf – zwischen 2,5 und 3,5 Jahren. Im Laufe der Ausbildung muss man eine Zwischenprüfung und eine Abschlussprüfung (im Handwerk: Gesellenprüfung) ablegen. Duale Ausbildungsberufe sind z. B.: Medizinische Fachangestellte, Bürokaufmann, Gärtner, Verkäufer u.v.m.
Während der Ausbildung erhält man eine Ausbildungsvergütung, die vom Ausbildungsberuf abhängig ist. Schulische Voraussetzungen sind vom gewählten Beruf und vom Arbeitgeber abhängig.

c) Eine schulische Ausbildung

„Ich habe mich für eine Ausbildung zur PTA (pharmazeutisch-technischen Assistentin) entschieden. Das ist eine schulische Ausbildung. Es gibt so viel zu lernen über Arzneimittel, die Wirkungen verschiedener Stoffe, den Aufbau des Körpers ... Daher verläuft die Ausbildung zunächst zwei Jahre in der Ausbildungsschule. Aber danach steht ein langes Praktikum in einem Betrieb."

Mihra (17)

Bei einer **schulischen Ausbildung** wird man an einer Schule auf seinen zukünftigen Beruf vorbereitet. Die Ausbildung findet an Berufsfachschulen und an Schulen des Gesundheitswesens statt. Man hat weiterhin 12 Wochen Ferien im Jahr. Während der Ferien muss ein **Praktikum** im Beruf absolviert werden. Eine schulische Ausbildung an einer staatlichen Berufsfachschule oder einem Berufskolleg ist kostenlos. Private Schulen hingegen verlangen oft Schulgeld. Es besteht die Möglichkeit, staatliche Hilfen zu beantragen.
Neben den pharmazeutisch-technischen Assistenten werden z. B. auch Physiotherapeuten, Erzieher, Kinderkrankenpfleger, Fremdsprachenkorrespondenten und Designer an Berufsfachschulen ausgebildet. Die Ausbildung dauert 1-3,5 Jahre. Voraussetzung ist meist ein mittlerer Bildungsabschluss. Nach der Ausbildung gibt es die Möglichkeit zur Weiterqualifizierung, z. B. zum Fachwirt für Erziehungswesen.

d) Eine weiterführende Schule

Roman (17)

„Nach einem Praktikum bei einem Architekten habe ich erkannt, dass es genau das ist, was ich machen möchte. Da man für ein Architekturstudium Abitur braucht, habe ich mich nach der mittleren Reife für eine weiterführende Schule beworben. Empfehlen würde ich das aber nur guten Realschülern, denn man muss viel lernen und der Stoff wird deutlich anspruchsvoller. Ich jobbe außerdem noch an einer Tankstelle, um mir Geld dazu zu verdienen."

Strebt man einen höheren Bildungsabschluss an, so besucht man nach der mittleren Reife vielleicht eine **weiterführende Schule**: ein berufliches Gymnasium oder ein Berufskolleg.

Am **beruflichen Gymnasium** (Technisches Gymnasium, Wirtschaftsgymnasium, Ernährungswissenschaftliches Gymnasium, Biotechnologisches Gymnasium, Agrarwissenschaftliches Gymnasium, Sozialpädagogisches Gymnasium) erreicht man das Abitur in 3 Jahren. Man kann an allen Hochschulen studieren.

Im **Berufskolleg** bekommt man eine schulische Ausbildung und die Fachhochschulreife innerhalb von 1-3 Jahren. Es gibt z. B. ein Berufskolleg für Ernährung und Hauswirtschaft oder Wirtschaft.

Ob man am beruflichen Gymnasium oder Berufskolleg angenommen wird, hängt von der Anzahl der Bewerber ab. Wegen wachsender Bewerberzahlen stiegen die Notenanforderungen in den letzten Jahren. Schulische Voraussetzungen sind ein gutes Zeugnis.

H zu Aufgabe 1a)
Orientiert euch an folgenden Fragen:
Was kennzeichnet den Weg? Wie lange dauert er? Wie ist die finanzielle Situation währenddessen? Welche Möglichkeiten bieten sich danach? Warum haben die vier Jugendlichen diesen Weg eingeschlagen?

AUFGABEN

1. a) Teilt die verschiedenen Wege der Berufsausbildung untereinander auf und beschreibt sie arbeitsteilig in vier Gruppen (**M1**).
b) Führt ein Gruppenpuzzle durch: Trefft euch mit Mitgliedern der anderen Gruppen. Informiert euch gegenseitig und erstellt eine tabellarische Übersicht.

2. Beurteile, welcher Berufsweg am besten zu dir und deinem Berufswunsch passen könnte. Nenne dazu das für dich wichtigste Argument.

KOMPETENZ: Methode

Eine Befragung durchführen

Eine Ausbildungsmesse zum Beispiel eignet sich dafür, eine Befragung durchzuführen. Denn hier trefft ihr auf viele Experten.

	Beispiele	Hinweis / Tipp
Die Vorbereitung		
Bildet Kleingruppen. Klärt folgende Punkte:		
– Was möchtet ihr mit eurer Befragung herausfinden?	z. B. Welche Faktoren waren bei der eigenen Berufswahl entscheidend ...	Arbeitet jede eurer Gruppen mit den gleichen Fragen, so bekommt ihr viele Daten zu eurem Thema. Möchtet ihr Ergebnisse zu vielen Themen, so sprecht euch untereinander ab! Themen könnten z. B. sein: Berufsfelder, Faktoren der Berufswahl, Berufe, Arbeitszeiten ...
– Wen möchtet ihr befragen?	z. B. Erwachsene mit abgeschlossener Ausbildung	
Entscheidet euch für eine Befragungsart.	Es gibt verschiedene Möglichkeiten, eine Befragung durchzuführen: – schriftlich, z. B. mit einem Fragebogen in Papierform – in Form eines Interviews (persönlich, telefonisch)	Die schriftliche Befragung eignet sich insbesondere dann, wenn eine größere Anzahl an Personen befragt werden soll.
Sammelt geeignete Fragestellungen. Einigt euch anschließend auf die besten Fragen.	Formuliert eure Fragen so, dass sie möglichst kurz und eindeutig sind. Dabei könnt ihr offene und geschlossene Fragen stellen.	*Beispiel für eine offene Frage:* „Welche Faktoren waren bei Ihrer Berufswahl entscheidend?" Individuelle Antworten *Beispiel für eine geschlossene Frage:* „Wie lange dauerte Ihre Berufsausbildung? – 2,5 Jahre – 3 Jahre – länger"
Gestaltet euren Fragebogen am Computer.		
Die Durchführung		
Stellt euch der Person, die ihr befragen möchtet, freundlich vor und fragt, ob sie bereit ist, die Fragen zu beantworten.	Nennt eure Namen, eure Schule, euer Thema und wofür ihr die Befragung durchführt.	Achtet darauf, keine Person zu befragen, die schon von anderen Gruppen befragt wurde. Gebt eine Einschätzung, wie lange die Befragten sich Zeit nehmen sollten (z. B. 5 Minuten).
Bedankt euch am Ende für die Teilnahme an eurer Befragung.		
Die Auswertung		
Fasst die Antworten zusammen und visualisiert sie.		Überlegt zuvor, welche Visualisierung geeignet ist (Säulen-, Balken-, Kreisdiagramm).
Erstellt ein Plakat.		
Präsentiert die Ergebnisse eurer Klasse.		Reflektiert dabei auch eure Erfahrungen mit dem Erstellen eines Fragebogens und der Durchführung einer Befragung.

Wie fange ich an? Orientierung und Unterstützung bei der Berufswahl

In Deutschland gibt es über 300 Ausbildungsberufe. Wie bekommst du nun heraus, in welchen Berufen deine Interessen und deine Fähigkeiten am besten aufgehoben sind? Was kannst du selbst machen und wer kann dir helfen?

M2 Von Interessen zu Berufsfeldern …

Damit du einen passenden Beruf findest, musst du von deinen Interessen und Fähigkeiten zu möglichen Tätigkeiten und anschließend möglichen Berufen kommen.
Der amerikanische Psychologe John Holland formuliert sechs allgemeine Interessensorientierungen. Jede Person verfügt über alle Interessen, nur eben in verschiedener Ausprägung. Ausgehend von den Interessen lassen sich Tätigkeiten benennen und Berufsfelder gruppieren. Berufe in einem Berufsfeld haben ähnliche Tätigkeiten oder arbeiten mit ähnlichen Materialien.

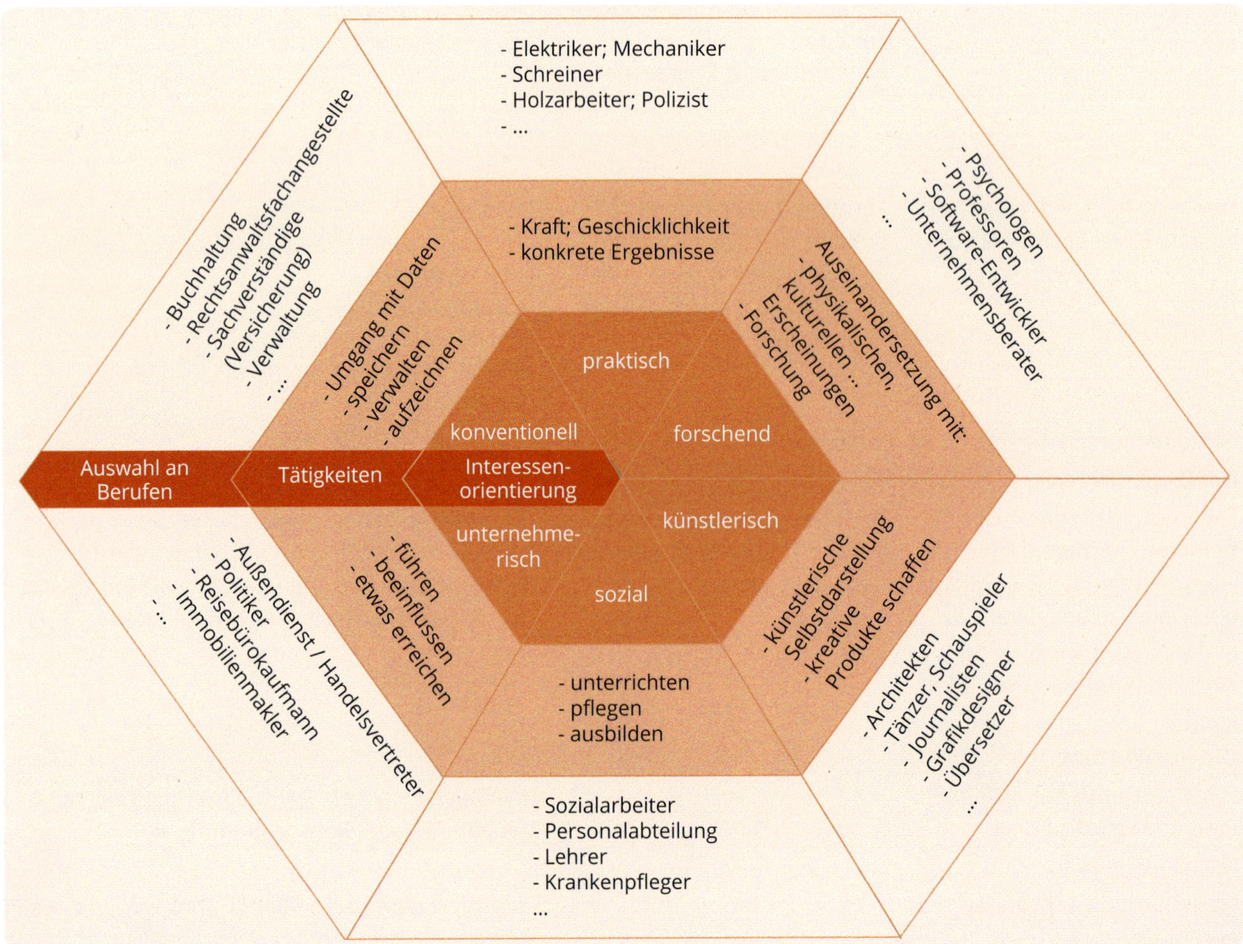

Autorengrafik nach John Holland

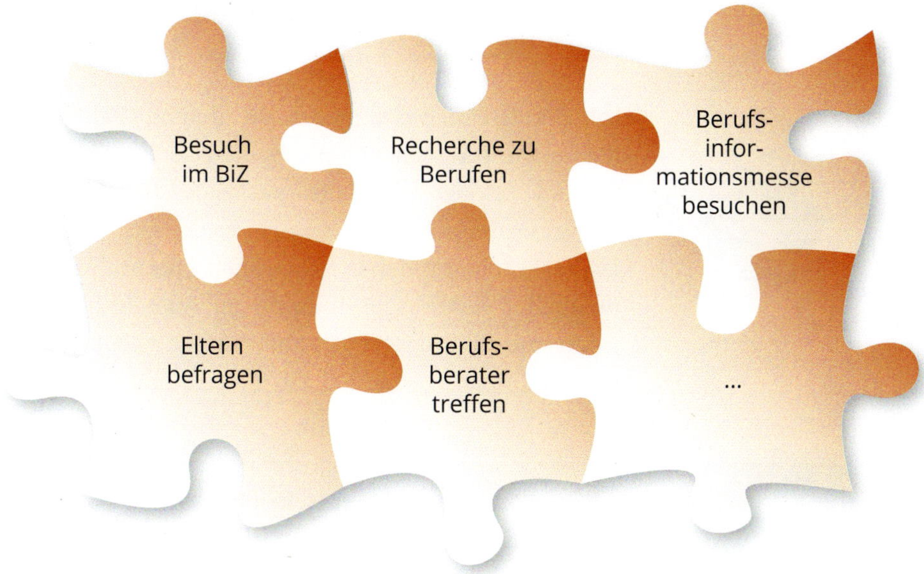

M3 Ein Besuch im Berufsinformationszentrum

Das Berufsinformationszentrum (BiZ) ist eine Einrichtung der Bundesagentur für Arbeit. Bürgerinnen und Bürger bekommen hier Informationen zu den Themen Bildung, Beruf und Arbeitsmarkt. Das BiZ ist in verschiedene Themeninseln eingeteilt. Unter der Themeninsel Ausbildung und Studium bekommt man durch Online- und Print-Medien Informationen über Berufe und Berufsfelder.

BiZ Berufs Informations Zentrum

M4 Deine Eltern befragen

Deine Eltern standen einmal genau am gleichen Punkt und waren vielleicht genauso ratlos oder schon genauso zielstrebig wie du heute. In jedem Fall haben sie bereits Erfahrungen auf dem Arbeitsmarkt gesammelt. Sie sind zwar keine Berufsberater, aber können dir trotzdem Tipps geben und dich unterstützen.
Und ganz wichtig: Sie kennen deine Stärken und Schwächen besonders gut!

M5 Ein Besuch bei der Berufsinformationsmesse

Auf einer Berufsinformationsmesse stellen Arbeitgeber der Region ihren Betrieb und ihre Ausbildungsberufe vor. Vorteilhaft ist, dass man so Informationen aus erster Hand und in kurzer Zeit erhalten kann. Um die kurze Zeit nutzen zu können, sollte man sich vorbereiten: Überlegen, über welche Berufe und Betriebe du Informationen einholen möchtest. Dazu muss man recherchieren, welche Betriebe bei der Messe ausstellen werden.

M6 Recherche-Tipps zur Berufswahl

Im *Berufe-Universum* gehst du deinen Fähigkeiten und Interessen auf die Spur. Das Berufe-Universum schlägt dir dann passende Berufe vor. www.berufe-universum.de
Du recherchierst lieber offline? Das „Beruf aktuell" beinhaltet Kurzbeschreibungen zu Ausbildungsberufen und Bildungsgängen an beruflichen Schulen.

Der *Berufe-Entdecker* zeigt dir Fotos von typischen Arbeitsbereichen. Du entscheidest, ob dir die Bilder gefallen oder nicht. Auf dieser Basis schlägt dir der Berufe-Entdecker passende Berufe vor. www.entdecker.biz-medien.de

Unter *Planet Beruf* erhältst du viele Anregungen für deine Berufswahl, z. B. Tagesabläufe von Ausbildungsberufen. www.planet-beruf.de

berufezappen! Auf www.youtube.com/berufezappen kannst du Kurzfilme zu Ausbildungsberufen ansehen.
Dazu gehört auch die Seite www.gut-ausgebildet.de. Hier erhältst du viele hilfreiche Informationen zu Berufsausbildungen.

M7 Was macht eigentlich ein Berufsberater?

planet-beruf.de: Was sind die Aufgaben der Berufsberatung?
Joachim Kolberg: Wir unterstützen Jugendliche bei der Berufswahl in den Phasen Orientieren, Entscheiden und Bewerben. Zu unserem Angebot für Schüler und Schülerinnen zählen berufsorientierender Unterricht, Sprechtage in der Schule (kurze Gespräche) und Einzelberatungen mit festem Termin und mehr Zeit. Außerdem vereinbaren wir BiZ-Termine und betreuen die Schüler dort im Klassenverband.
Wenn sich ein Kind für einen Beruf entschieden hat, vermitteln wir Ausbildungsstellen und übernehmen unter bestimmten Voraussetzungen die Bewerbungskosten. Für Eltern und Betriebe organisieren wir z. B.

Elternabende oder Messen.

Bei welchen Fragen hilft die Berufsberatung weiter?

In der Orientierungsphase hören wir oft den Satz „Ich weiß nicht, was ich werden soll!" oder „Wie kann ich meine Stärken und Talente entdecken?". Wir stellen dann oft im Gespräch fest, dass die Jugendlichen sehr viel über sich wissen, sie können es nur nicht einordnen. Dabei helfen wir als Berufsberatung weiter. Das Gleiche gilt für den Fall, wenn ein Kind vor der Entscheidung zwischen mehreren Alternativen steht. Auch hier beraten wir gerne und geben Entscheidungshilfen.

Warum ist eine persönliche Beratung wichtig?

Der entscheidende Punkt ist, dass Schüler aufgrund des großen medialen Angebots oft gar nicht wissen, wo sie bei der Informationsbeschaffung starten sollen. Ich sehe die Berufsberatung als Kompass, der einem Jugendlichen hilft, sich im umfangreichen Angebot zurechtzufinden.

www.planet-beruf.de, 13.8.2014

So erreichst du einen Berufsberater!

Agentur für Arbeit:

Tel. 0800.4 555 500

AUFGABEN

1. a) Teilt die in **M1** genannten Berufsfelder untereinander auf. Recherchiert in Gruppen im Internet Informationen zu den genannten Berufen (**M2**).
   b) Erstellt ein Plakat, auf dem ihr euer Berufsfeld und ausgewählte Berufe des Berufsfeldes präsentiert. Stellt eure Ergebnisse in einem Galeriespaziergang der Klasse vor.
2. a) Führe das „Berufe-Universum" oder den „Berufe-Entdecker" durch (**M6**).
   b) Vergleiche die Ergebnisse aus dem Online-Programm mit deinen vorhergehenden Ergebnissen.
3. Erstelle eine Hitliste der Top-Drei-Ausbildungsberufe, die am ehesten für dich in Frage kommen (**M2**-**M6**).
4. a) Formuliere Fragen, bei denen dir ein Berufsberater helfen kann (**M7**).
   b) Ladet den/die Berufsberater/in in euren Unterricht ein.
5. Erstelle einen Zeitplan für deine Berufswahl. Arbeite in deinen Zeitplan auch einen Plan B ein und nenne mindestens drei Berufe deiner Wahl.

Verschiedene Wege in Leben und Beruf

Muss ich jetzt unbedingt auf die erweiterte Schule gehen, wenn ich später vielleicht noch studieren will? Was soll ich machen, wenn ich meine lang ersehnte Ausbildungsstelle nicht gleich bekomme? Bei vielen Menschen verläuft das berufliche Leben nicht geradlinig. Wenn du alternative Wege kennst und einen Plan B für dich entwickelst, kannst du den Herausforderungen der Berufswelt zuversichtlich entgegentreten.

M8 Führen alle Wege nach „Rom"?

Ahmed Volz

Nach meiner Ausbildung zum Fahrzeuglackierer und einigen Jahren Berufserfahrung bot mir mein Chef an, den Meistertitel zu erwerben. Die Zeit war sehr anstrengend, da ich den Unterricht zusätzlich zu meiner normalen Tätigkeit besucht habe und auch die Prüfung war sehr anspruchsvoll. Gelohnt hat es sich allerdings. Ich bin heute Filialleiter einer Niederlassung meines Chefs. Ich verdiene deutlich besser als direkt nach der Ausbildung und kann über viele Bereiche des Unternehmens entscheiden. Manchmal denke ich darüber nach, einen eigenen Betrieb zu eröffnen. Das ermöglicht mir der Meistertitel nämlich auch.

Rahel Inhetveen

Nach meiner mittleren Reife habe ich zunächst eine Ausbildung zur Goldschmiedin absolviert. Leider musste mein damaliger Arbeitgeber den Betrieb schließen. Da ich mit meiner Familie auf dem Land lebe, gab es für mich trotz langer Arbeitssuche keine Möglichkeit, in einen anderen Betrieb zu wechseln.
Es gibt nämlich nur wenige Goldschmiede und ich muss mich nachmittags um die Kinder kümmern. Das Arbeitsamt hat mir vorgeschlagen, eine Umschulung zur Bürokauffrau zu machen. Dann könnte ich evtl. auch von zu Hause aus arbeiten. Bis dahin arbeite ich nebenbei selbstständig als Goldschmiedin, denn dafür schlägt mein Herz und das ist mir wichtig.

Klara Lässig

Nach der mittleren Reife habe ich mein Abitur an einem Wirtschaftsgymnasium gemacht. Für mich war schon während der Schulzeit klar, dass ich in jedem Fall studieren möchte. Im Anschluss an mein duales Studium Hotelmanagement habe ich zunächst in einem kleinen Hotel im Schwarzwald in der Nähe von meinem Heimatort gearbeitet. Im Betrieb gab es für mich nur begrenzte Aufstiegschancen. Deshalb habe ich vor einem Jahr in ein großes Hotel nach Stuttgart gewechselt. Meine Heimat fehlt mir zwar manchmal, aber um beruflich erfolgreich zu sein, habe ich das gerne in Kauf genommen.

Als ich meine Ausbildung zum Erzieher abgeschlossen hatte, habe ich zunächst einige Jahre in einem großen Kindergarten in Freiburg gearbeitet. Vor zwei Jahren haben meine Frau und ich unser erstes Kind bekommen. Meine Frau verdient besser als ich und in ihrem Beruf als Notärztin ist es nicht so einfach, Familie und Beruf miteinander zu vereinbaren. Deshalb haben wir uns entschieden, dass ich jetzt eine Zeit lang selbstständig als Tagesvater arbeite. In unserem Wohnviertel leben viele Familien mit kleinen Kindern und Betreuungsplätze sind rar. Dadurch lässt sich nun meine Berufstätigkeit gut mit unserem Familienleben vereinbaren: Jeden Tag kommen vier Kinder zu uns, die ich über den Tag betreue.

Lukas Schneider

M9 Lebenslanges Lernen

AUFGABEN

1. Zeichne die beruflichen Wege der Personen (**M8**) jeweils in einem Flussdiagramm.
2. Erkläre, warum lebenslanges Lernen und Flexibilität häufig Voraussetzungen für ein erfolgreiches Berufsleben sind (**M8, M9**).

H zu Aufgabe 1
Beginne mit dem Schulabschluss bzw. der Ausbildung und gehe dann chronologisch vor, z. B.
Rahel → mittlere Reife → Ausbildung zur ... →

Mein Praktikum – gut vorbereiten und nutzen

Dein Berufspraktikum steht an! Bestimmt hast du dir schon viele Gedanken darüber gemacht, wie die Zeit wohl wird, die du in einem Betrieb verbringst. Sicherlich freust du dich, den Schulalltag für eine Zeit hinter dir lassen zu können. Doch wie findet man eine geeignete Praktikumsstelle? Und was sollte man im Praktikum beachten, um es als Chance zu nutzen?

M10 „Probieren geht über Studieren“

Chiara

Durch mein Berufspraktikum habe ich meine Ausbildungsstelle als Köchin bekommen. In der Praktikumszeit konnte ich zeigen, dass ich talentiert bin. Für die Einstellung waren meine Noten dann gar nicht mehr so wichtig, denn der Chef wusste ja, dass ich das kann und dass ich will!

Roman

Mein Berufspraktikum als Industriekaufmann im Berufspraktikum mit der Schule hat mir zwar Spaß gemacht, aber danach wusste ich, dass ich das sicher nicht machen möchte. Erst war ich ziemlich deprimiert, denn viele meiner Klassenkameraden wurden in ihren Berufswünschen bestärkt. Durch weitere Praktika in den Ferien habe ich dann aber den richtigen Ausbildungsberuf für mich gefunden. Zwar hatte ich kürzere Ferien als manche Anderen, aber dafür habe ich mehrere Unternehmen kennen gelernt und bin in meiner Berufswahl ein ganzes Stück weiter.

Irina

In meinem Praktikum als Kosmetikerin musste ich die ganze Woche stehen. Das hatte ich nicht erwartet und es war unglaublich anstrengend. Normalerweise sitze ich ja den ganzen Tag in der Schule. Aber nach dem Praktikum wurde mir durch meine Betreuerin zurückgemeldet, dass ich sehr freundlich war und gut auf Menschen zugehen konnte. Eigentlich fühle ich mich nämlich eher schüchtern. Die Rückmeldung tat sehr gut.

M11 Der Weg zum Praktikumsplatz

- geeigneten Beruf wählen

- passende Betriebe/Einrichtungen suchen
  (z. B. über Tageszeitungen, auf der Homepage der Arbeitsagentur, durch Bekannte, auf Homepages von Unternehmen, durch persönliches Nachfragen in Betrieben, durch Suchmaschinen im Internet ...)

- Informationen zu Betrieben sammeln:
  Tätigkeitsschwerpunkte, Abteilungen, Anzahl der Mitarbeiter, Ausbildungsberufe, Ansprechpartner
- prüfen, ob/welcher gewählte Betrieb passend ist für mich

- Kontaktaufnahme vorbereiten:
  Notizen machen, Praktikumsanfrage simulieren

- Kontaktaufnahme: telefonisch oder persönlich
- Tipp: Auch wenn die Betriebe nicht direkt Praktikums- oder Ausbildungsplätze ausgeschrieben haben, frag höflich persönlich nach!

AUFGABEN

1. Erkläre, warum ein Betriebspraktikum sinnvoll ist (**M10, M11**).
2. Recherchiere mindestens drei Betriebe oder Einrichtungen, die einen Praktikumsplatz für einen Beruf deiner Wahl anbieten.
3. Bereite dich zusammen mit einem Partner auf den ersten Kontakt mit dem Unternehmen vor, in dem du dein Berufspraktikum durchführen möchtest. Notiere, welche Informationen du mitteilen und was du erfragen möchtest.
4. Spielt das Telefongespräch mit dem Unternehmen. Eine Person spielt den Bewerber, eine andere den Personalleiter. Ein Dritter beobachtet das Gespräch. Wechselt die Rollen und gebt euch gegenseitig Tipps.
5. Worauf freust du dich im Praktikum? Welche Fragen hast du noch? Wovor sorgst du dich? Sammle und erstelle ein Cluster.

Mein Praktikum – im Betrieb und was dann ...?

M12 Tipps zum guten Erscheinungsbild

Lege deine Kleidung, die du am ersten Tag tragen möchtest, zurecht. Achte darauf, dass die gewählte Kleidung zu dem Beruf passt, den du erkundest. Machst du ein Praktikum bei einer Bank, solltest du z. B. in keinem Fall kurze Hosen tragen.
Am ersten Tag deines Praktikums bist du bestimmt aufgeregt. Stelle den Wecker etwas früher und mache dich frühzeitig auf den Weg, so dass du noch etwas zeitlichen Puffer hast.

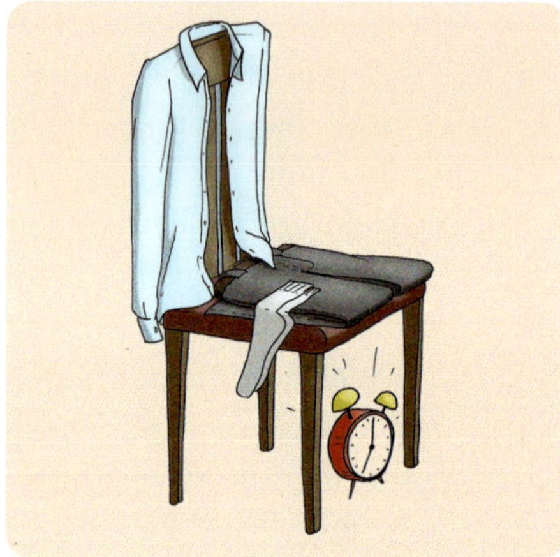

M13 Regeln im Betrieb

Damit dein Praktikum gelingt und kein Flop wird, gilt es, einige Regeln zu beachten:

- Denke daran, dass das Praktikum von den Betrieben freiwillig durchgeführt wird. Halte dich an die Regeln im Betrieb und achte auf Höflichkeit, Pünktlichkeit, Sorgfalt und Aufrichtigkeit.
- Zeige Interesse an den Tätigkeiten.
- Falls du krank werden solltest, informiere das Unternehmen und die Schule.
- Mache dir während des Praktikums täglich Notizen, damit du nach dem Praktikum dein Portfolio ergänzen kannst. Mache Fotos, sammle Flyer, Prospekte usw.

M14 Ist das was für mich?

+ Pro	− Kontra
• Alle Tätigkeiten, die Spaß gemacht haben • Alle Erlebnisse, die positiv waren	• Alles, was weniger gut war • Alles, was gegen diesen Beruf spricht

M15 Um Rückmeldung bitten

Vom Betrieb bekommst du mündlich oder schriftlich eine Rückmeldung. Frage nach, wie der Betreuer deine Leistungen und dein Verhalten während des Praktikums einschätzt. Wenn du dir eine Ausbildung in diesem Beruf vorstellen kannst, finde heraus, ob es dort einen Ausbildungsplatz gibt.

M16 Vier-Ecken-Gespräch

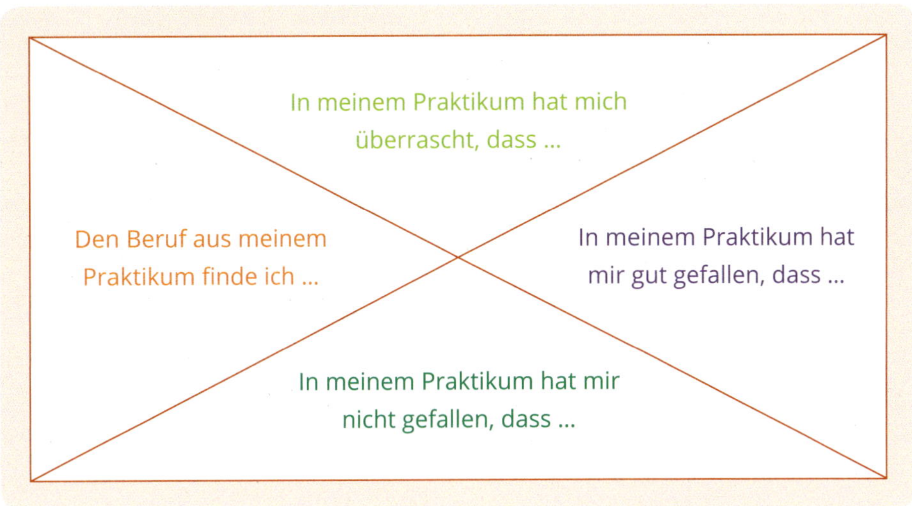

AUFGABEN

1. Führe ein Interview mit einem Auszubildenden in deinem Praktikumsbetrieb. Bereite dazu Fragen vor, z. B.:
   - Warum hat er /sie diese Ausbildung gewählt?
   - Was wird von den Auszubildenden erwartet?

   Dokumentiere dein Ergebnis.
2. Erstelle während deines Praktikums eine Pro-Kontra-Liste. Sie hilft dir dabei, zu begründen, ob dies der richtige Beruf für dich ist.
3. Hat dir dein Praktikum in Bezug auf deine Berufswahl geholfen? Bilde dir ein abschließendes Urteil (**M14**-**M16**).
4. Führt nach dem Praktikum ein Vier-Ecken-Gespräch durch. Geht zunächst zu der Ecke, die euch als erstes anspricht und setzt den jeweiligen Satzanfang fort. Danach wechselt ihr zu den anderen Ecken (**M16**).
5. Erstelle ein Informationsplakat, um deine Mitschüler über dein Praktikum zu informieren.

F Informiert euch im Jugendarbeitsschutzgesetz, welche Regeln für euch im Praktikum gelten.

H **zu Aufgabe 5**
Das Plakat sollte eine Beschreibung des Betriebs, die Tätigkeiten des Berufs und die positiven und negativen Erfahrungen beinhalten. Ziehe ein Resümee, inwiefern die Praktikumserfahrung deine Berufswahl beeinflusst.

GRUNDWISSEN

VIELE WEGE FÜHREN ZUM BERUF ...

ZWISCHEN SCHULE, AUSBILDUNG UND FREIWILLIGENDIENST ... (M1)

Nach dem Schulabschluss muss man sich zwischen verschiedenen Wegen entscheiden: Einige möchten direkt eine Ausbildung beginnen, andere möchten weiter lernen und zur Schule gehen. Wieder andere möchten zunächst etwas ganz anderes machen und sich zum Beispiel im Bundesfreiwilligendienst sozial, ökologisch oder kulturell engagieren. Den eigenen Weg muss jeder für sich finden.

VON INTERESSEN ZU BERUFEN (M2, M3, M5)

Jeder bringt Fähigkeiten und Interessen in bestimmten Bereichen mit. Man kann auch Berufe in Berufsfelder sortieren, die sich an bestimmten Interessen orientieren.

Hat man herausgefunden, welcher Bereich einem besonders liegt, so können die Berufsfelder ein Ausgangspunkt sein, verschiedene Berufe genauer in den Blick zu nehmen.

HIER BEKOMMT MAN UNTERSTÜTZUNG (M3-M7)

Das Angebot zur beruflichen Orientierung ist groß, manchmal ist es schwer einen Überblick zu bekommen. Für den Einstieg kann das Gespräch mit einem Berufsberater hilfreich sein, der Jugendliche bei der Berufswahl und der Ausbildungsstellensuche unterstützt. Sie arbeiten bei der Agentur für Arbeit und kennen das regionale Ausbildungsangebot gut.

Im Internet gibt es unzählige Angebote zur beruflichen Orientierung, auch Berufsinformationszentren und -messen sind eine gute Anlaufstelle.

FALLS PLAN A NICHT FUNKTIONIERT: PLAN B! (M8, M9)

Immer wieder klappt es nicht so, wie wir es uns vorstellen. Das kann auch bei der Berufswahl der Fall sein, z. B. wenn man keine Zusage für einen Ausbildungsplatz bekommt, in der Region sehr wenige angeboten werden oder die Noten nicht ausreichen. Für solche Fälle ist es wichtig, dass man einen Plan B hat. Ein Plan B könnte so aussehen, dass die Ausbildung an einem anderen Ort absolviert wird, sie zu einem späteren Zeitpunkt gemacht wird (z. B. nach der Fachhochschulreife) oder dass ein anderer Beruf gewählt wird.

GRUNDWISSEN

Mein Zeitplan

Klasse 8/9

September bis Dezember
- Interessen und Stärken herausfinden
- Informationen zu verschiedenen Berufen sammeln und analysieren
- für Praktikumsplätze bewerben

Dezember bis März
- Praktikum durchführen
- Halbjahresinformation abheften

März bis Juli
- bei Banken, Versicherungen und großen Unternehmen bewerben
- weitere Praktika durchführen

Juli / August
- für Ausbildungsstelle bewerben
- ggf. weitere Praktika durchführen

Klasse 9/10

September bis Dezember
- Vorstellungsgespräche

Februar / März
- Anmeldung für weiterführende Schule (Halbjahreszeugnis)

April
- schriftliche Prüfungen

Juli
- mündliche Prüfungen
- Mittlere Reife

September
- Ausbildungsbeginn / Beginn des Schuljahres an der weiterführenden Schule

4.3 Wie bewerbe ich mich? Von der Stellenanzeige zur Einstellung

Was erwarten Arbeitgeber?

Du hast in deinem Leben schon einige Rollen eingenommen: die als Schüler, als Sohn / Tochter, als Teamkollege oder als Freund. Die Rolle eines Arbeitsnehmers kommt bald auf dich zu und stellt ganz neue Herausforderungen an dich. Was erwarten die Arbeitgeber von dir, und welche Fähigkeiten solltest du zeigen?

M1 Meine Erwartungen

Jakob: Irgendwie freue ich mich ja auf die Zeit nach der Schule. Aber ich habe echt noch keine Ahnung, was da auf uns zu kommt ... Was ist, wenn ich nicht gut genug bin?
Yasemin: Genau. Was die Lehrer von mir erwarten, weiß ich ziemlich genau. Aber im Job wird bestimmt alles anders.
Aynisa: Ach, ihr zwei braucht euch doch keine Sorgen zu machen. Mit den Noten, die ihr regelmäßig schreibt ... Aber was kann ich schon vorzeigen ...?!
Jakob: Gerade du kommst doch bei Erwachsenen immer so gut an! Es geht jetzt ja nicht mehr nur um Schulnoten.

SOFT UND HARD SKILLS

Fähigkeiten einer Person werden in Soft und Hard Skills unterteilt. Hard Skills bezeichnen die Fähigkeiten, die man messen und belegen kann. Das sind z. B. Fachwissen, Sprachkenntnisse und Zeugnisse. **Soft Skills bezeichnen die soziale Kompetenz, die jemand mitbringt**. Zu den Soft Skills zählen z. B. Teamfähigkeit, Kommunikationsfähigkeit und Kritikfähigkeit. Sie werden auch Schlüsselqualifikation genannt. Eng mit den Soft Skills verknüpft ist die emotionale Kompetenz. Zu diesen Kompetenzen zählt zum Beispiel die Fähigkeit, auf andere offen zugehen zu können, Empathiefähigkeit und Motivation.

M2 Was erwartet die Wirtschaft von Schulabgängern?

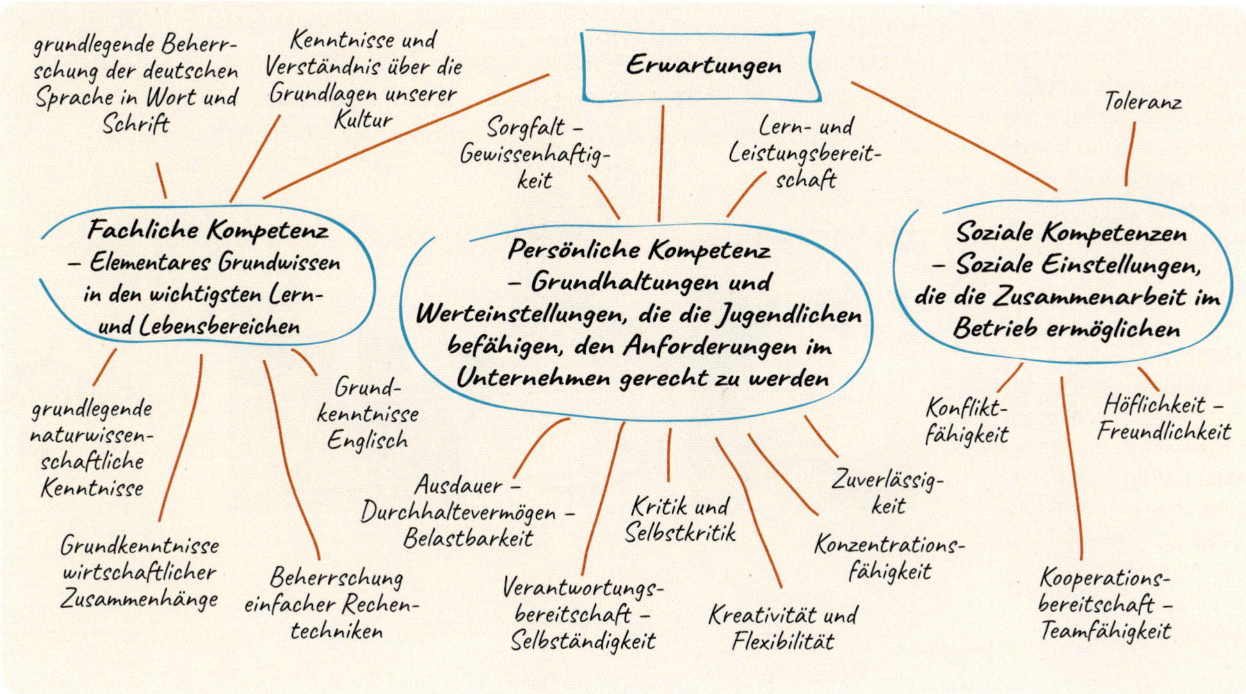

Nach: Industrie- und Handelskammer München

M3 Der Ablauf eines Bewerbungsverfahrens

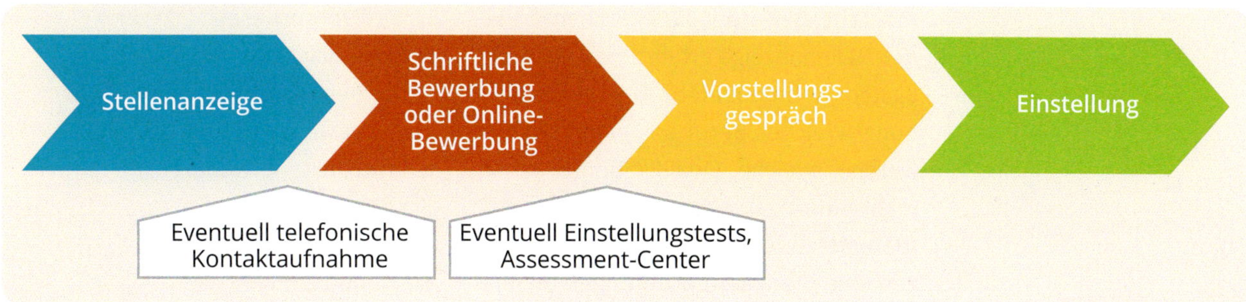

AUFGABEN

1. Arbeite die Erwartungen, die an den Arbeitnehmer von heute gestellt werden, heraus (**M1**-**M2**). Welche positiven und negativen Folgen können sich für Arbeitnehmer daraus entwickeln?
2. Überprüfe, inwieweit du bereits Qualifikationen erworben hast, die Betriebe von Auszubildenden erwarten (**M2**).
3. Beschreibe den Weg von der Stellenanzeige bis zur Einstellung (**M3**).

Stellenanzeigen finden und richtig auswerten

In Tageszeitungen, auf Portalen im Internet wie z. B. StepStone, auf der Homepage der Arbeitsagentur oder der Unternehmen selbst werden Stellen ausgeschrieben. Auch auf Berufsmessen kann man sich informieren und konkrete Stellenangebote finden. Möchte man seine Ausbildung in einem Unternehmen absolvieren, das gerade keine Stelle ausgeschrieben hat, so sollte man in jedem Fall nachfragen, ob es nicht trotzdem eine freie Ausbildungsstelle gibt.

Bald geht es los, du wirst dich nach konkreten Stellenangeboten umschauen. Aber wie erfährst du von den interessanten Stellen? Wird der spannende Ausbildungsplatz wirklich in der Tageszeitung ausgeschrieben? Und was machst du, wenn dein favorisierter Arbeitgeber derzeit gar keine Stellen ausschreibt?

M4 Wie finde ich Stellenanzeigen?

KOMPETENZ: Methode

Stellenanzeigen analysieren

Stellenanzeigen erfüllen die Funktion, eine ausgeschriebene Stelle der Öffentlichkeit bekannt zu machen und damit mögliche Bewerber zu erreichen. In einer Stellenanzeige erfährt man die wichtigsten Rahmendaten für die Bewerbung: Welcher Beruf soll wann besetzt werden, welche Qualifikationen muss man mitbringen und was kann der Betrieb bieten. Oft enthalten Stellenanzeigen eine Menge Anforderungen an ihre Bewerber – seien es persönliche Eigenschaften, praktische Kenntnisse oder schulische Leistungen. Du musst diese Anforderungen aber nicht zu 100 % erfüllen. Man unterscheidet hier zwischen „Muss-Kriterien“, die für eine Einstellung unbedingt notwendig sind, und „Kann-Kriterien“, die sich das Unternehmen von den Kandidaten zwar wünscht, die aber nicht zwingend vorhanden sein müssen. [...]

Muss-Kriterien (z. B. Schulabschluss, fachliche Fähigkeiten) werden meistens so oder ähnlich beschrieben:
„... wird vorausgesetzt ...“
„Erforderlich sind ...“
„... nur berücksichtigt, wenn ...“
„Gesucht werden Bewerber mit ...“
„... unbedingt notwendig ...“
„Sie bringen mit ...“
„... wird erwartet ...“
„Sie haben ...“
„Voraussetzung sind ...“
Kann-Kriterien (z. B. praktische Erfahrungen) erkennt man an den folgenden Formulierungen:
„Idealerweise ...“
„... gerne auch Erfahrungen mit ...“
„... wären von Vorteil“
„Bevorzugt werden Bewerber ...“
„... wünschenswert“
„Wenn Sie zusätzlich noch ... mitbringen ...“
Soft & Hard Skills

www.azubiyo.de

M5 Was wird von mir verlangt, was wird geboten?

Deine Ausbildung bei KOKAR!

KOKAR
Kokar Bausanierung GmbH & Co. KG

Kaufmann/-frau für Büromanagement

Ausbildungsbeginn: am 01.09.2017 *(auch zum 01.08.2017 möglich)*

Zur Verstärkung unseres Teams suchen wir ab September 2017 eine/n Auszubildende/n als Kauffrau/Kaufmann für Büromanagement.

Kokar ist ein junger, dynamischer und wachsender Bausanierungsbetrieb. Neben dem Umbau und dem Innenausbau von kompletten Objekten bieten wir für die gesamte Region spezialisierte und hochwertige Sanierungslösungen an. Hierzu zählt die Modernisierung von Balkonen, Terrassen und Bädern, sowie die Bauwerksabdichtung.

Stellenbeschreibung:
In deiner Ausbildung bei Kokar lernst du die gesamte Vielfalt des Büroalltags kennen. Du absolvierst eine abwechslungsreiche Ausbildung und wirst schnell eigenständig Aufgaben übernehmen, die von allgemeinen Bürotätigkeiten, über die Angebots- und Rechnungsstellung bis hin zum Internetmarketing reichen.

Was du mitbringen solltest:
- Mind. mittlere Reife / Mittlerer Bildungsabschluss
- Aktuelle Noten in Mathe und Deutsch mindestens Note 3
- Gute Kenntnisse in den gängigen Techniken der Bürokommunikation (z. B. Internetanwendungen, MS Word, MS Excel oder ähnliches)
- Vorteilhaft: Erweiterte Kenntnisse im Umgang mit Online- und Computeranwendungen
- Deine Stärken: Kommunikationsfähigkeit, Lernbereitschaft, Organisationsfähigkeit, Zielstrebigkeit/Ergebnisorientierung, Zuverlässigkeit

Besonderheiten:
- 3,5 Arbeitstage pro Woche im Betrieb
- 1,5 Unterrichtstage pro Woche in der Berufsschule
- Konditionen: 30 Tage Urlaub im Jahr; gutes Azubigehalt

Wir freuen uns auf deine Bewerbung:
- Per E-Mail: kurzes Anschreiben, Lebenslauf und Zeugnisse
- Kontakt: Herr Oulabi (jobs@kokar.de)
- Kurzfristige Bewerbungsgesprächstermine möglich.

• Bausanierung • Innenausbau • Komplettbäder • Dekorbodensysteme • Balkonmodernisierung

Kokar Bausanierung GmbH & Co. KG
Daimlerstraße 10 • 71159 Mötzingen • ☎ 07452-8879257 • www.kokar.de

Kokar Bausanierung GmbH & Co. KG, 20.3.2017

AUFGABEN

1. Beschreibe den Unterschied zwischen Muss- und Kann-Anforderungen in Stellenanzeigen.
2. Arbeite die Informationen zum Unternehmen sowie Muss- und Kann-Kriterien aus der Stellenanzeige heraus (**M5**).
3. Recherchiere zwei weitere Stellenanzeigen, auf die du dich im Moment bewerben würdest, und werte sie aus.
4. Gestalte eine Stellenanzeige für deinen Wunsch-Ausbildungsplatz.

F zu Aufgabe 3
Benenne die in den Stellenanzeigen geforderten Soft und Hard Skills.

Für sich werben: Die Bewerbung

Jetzt musst du die Bewerbungsunterlagen erstellen. Hier gilt es einiges zu beachten! Der gewünschte Weg des Versands wird häufig in der Stellenanzeige genannt – besonders wichtig sind hier aber die Form und die Vollständigkeit.

M6 Die Bewerbungsmappe

www.azubiyo.de

In eine Bewerbungsmappe gehören die wichtigsten Unterlagen zu deinem Werdegang in ansprechender Form.

M7 Bewerbung digital – per E-Mail oder als Online-Formular

Bei der **E-Mail-Bewerbung** versendest du die vom Unternehmen geforderten Unterlagen als Dateianhang. Im besten Fall speicherst du alle Bewerbungsdokumente als eine pdf-Datei ab. Gewöhnlich schreibst du in den E-Mail Text nur hinein, für welche Stelle du dich bewirbst und dass die Dokumente im Anhang zu finden sind.

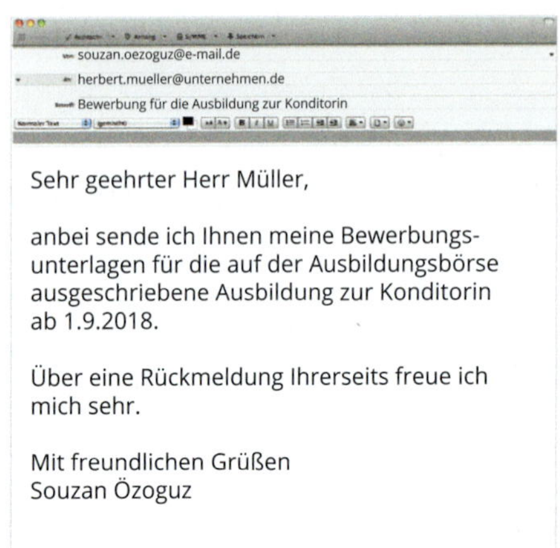

souzan.oezoguz@e-mail.de

herbert.mueller@unternehmen.de

Bewerbung für die Ausbildung zur Konditorin

Sehr geehrter Herr Müller,

anbei sende ich Ihnen meine Bewerbungsunterlagen für die auf der Ausbildungsbörse ausgeschriebene Ausbildung zur Konditorin ab 1.9.2018.

Über eine Rückmeldung Ihrerseits freue ich mich sehr.

Mit freundlichen Grüßen
Souzan Özoguz

Bei der **Online-Bewerbung** musst du auf der Firmenwebseite einen Fragebogen ausfüllen. In der Regel gibst du standardisierte Angaben direkt in eine Abfragemaske ein. Diese Vorgehensweise erleichtert den Personalchefs die Arbeit, weil sie die Daten einfacher vergleichen können.

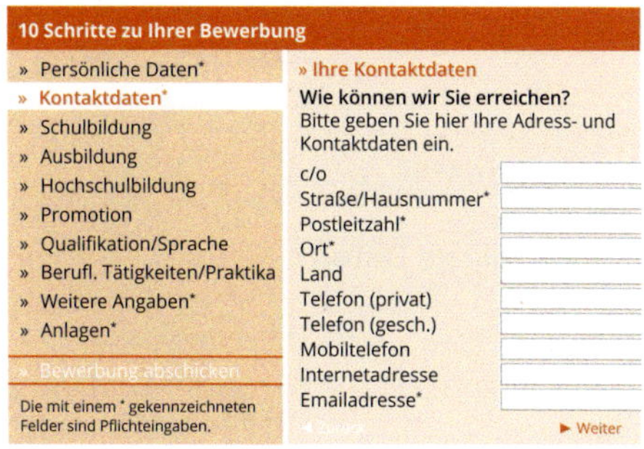
10 Schritte zu Ihrer Bewerbung

» Persönliche Daten*
» Kontaktdaten*
» Schulbildung
» Ausbildung
» Hochschulbildung
» Promotion
» Qualifikation/Sprache
» Berufl. Tätigkeiten/Praktika
» Weitere Angaben*
» Anlagen*
» Bewerbung abschicken

Die mit einem * gekennzeichneten Felder sind Pflichteingaben.

» Ihre Kontaktdaten
Wie können wir Sie erreichen?
Bitte geben Sie hier Ihre Adress- und Kontaktdaten ein.

c/o
Straße/Hausnummer*
Postleitzahl*
Ort*
Land
Telefon (privat)
Telefon (gesch.)
Mobiltelefon
Internetadresse
Emailadresse*

► Weiter

M8 Das Anschreiben der schriftlichen Bewerbung

Miriam Weber
Berg-am-Laim-Str. 71
71234 Unterstadt

Tel. 07678/1239876
E-Mail: weber.miriam@mail.de

Kommunikation GmbH
zu Händen: Frau Christine Maier
Kupfergasse 23
88555 Mittelstadt

14.10.2017

Bewerbung für eine Ausbildung als Kauffrau für Marketingkommunikation/ Ihre Anzeige im Mittelstädter Tagblatt vom 11.10.2017

Sehr geehrte Frau Maier,

mit großem Interesse habe ich Ihre Anzeige im Mittelstädter Tagblatt gelesen. Sie bieten darin einen Ausbildungsplatz zur Kauffrau für Marketingkommunikation an. Für diese Stelle bewerbe ich mich hiermit.

Zurzeit besuche ich die 10. Klasse des Gymnasiums Mittelstadt, die ich im Sommer 2018 mit dem mittleren Schulabschluss erfolgreich beenden werde. Meine Lieblingsfächer sind Mathematik, Kunst sowie Informatik. Im Umgang mit dem PC bin ich versiert, mit den einschlägigen Office-Programmen habe ich mich zudem in der Computer-AG vertraut gemacht. Für die Schülerzeitung war ich für das Layout verantwortlich.

Im Rahmen eines Praktikums in der Marketingabteilung eines Lebensmittelgroßhandels war ich in der Werbe- und Vertriebsabteilung eingesetzt. Dort konnte ich erste Einblicke in betriebliche Abläufe gewinnen. Besonders hat mir in diesem Zusammenhang der Kontakt zu Kunden und Lieferanten gefallen.

Über Ihren Internetauftritt konnte ich mich bereits intensiv über Ihr Unternehmen informieren. Insbesondere die internationale Ausrichtung Ihres Unternehmens entspricht meinen beruflichen Vorstellungen. Mithilfe der Schriften des Berufsinformationszentrums der Bundesagentur für Arbeit habe ich mich zusätzlich über das Berufsfeld der Kauffrau für Marketingkommunikation kundig gemacht.

Wenn ich Ihr Interesse geweckt haben sollte, freue ich mich sehr auf das persönliche Gespräch mit Ihnen in Mittelstadt.

Mit freundlichen Grüßen

Miriam Weber

Miriam Weber

Anschrift des Absenders

Anschrift des Unternehmens und Ansprechpartner

Betreffzeile: Ausbildungsbezeichnung, Quelle der Stellenanzeige

Anrede des Ansprechpartners

Begründen: Warum du?

Begründen: Warum der Beruf?

Begründen: Warum das Unternehmen?

Bezug persönliches Gespräch

M9 Der Lebenslauf

Der Lebenslauf sollte tabellarische Form haben und am PC verfasst werden.

Gib eine seriöse E-Mail Adresse an! Diese besteht aus deinem Vor- und Nachnamen.

Handschriftliche Unterschrift nicht vergessen!

LEBENSLAUF

FOTO

Persönliche Daten

Name:	Miriam Weber
Anschrift:	Berg-am-Laim-Str. 71 71234 Unterstadt Tel. 07678/1239876 E-Mail: weber.miriam@mail.de
Geburtsdatum:	30.10.2002
Geburtsort:	Westerheim

Schulbildung

Schulbildung:	voraussichtlich 2018: Mittlerer Schulabschluss 2013 – heute Realschule Mittelstadt 2009 – 2013 Grundschule Lerchenbach, Mittelstadt
Lieblingsfächer:	Mathematik, Kunst, Informatik

Interessen, Kenntnisse

Sprachkenntnisse:	Englisch (Niveau B1+), Französisch (Niveau B1+)
Hobbys:	Fotografieren, Lesen, Skifahren

Praktische Erfahrungen

Praktikum:	Marketingabteilung Lebensmittelgroßhandel (Sommer 2016) Erstellen von Kundenstatistiken, Mitarbeit bei der Gestaltung von Werbeanzeigen

Unterstadt, 14.10.2017

M10 Checkliste für die schriftliche Bewerbung

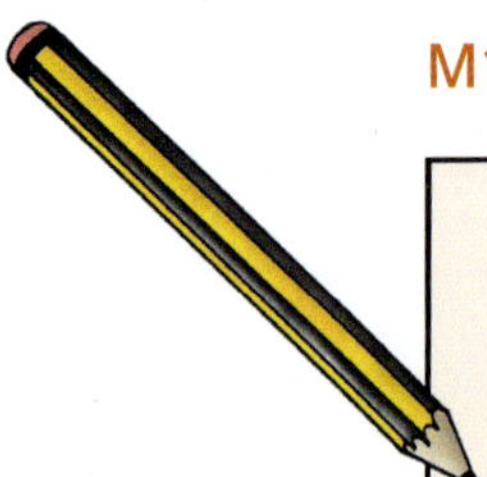

- ✓ Empfänger und Ansprechpartner sind richtig
- ✓ Aktuelles Datum und handschriftliche, leserliche Unterschrift
- ✓ Rechtschreibung, Grammatik und sprachlicher Ausdruck kontrolliert
- ✓ Ich habe begründet, warum ich diesen Beruf machen will.
- ✓ Ich habe begründet, warum ich zu dieser Firma passe.
- ✓ Ich habe die Bewerbung Korrektur lesen lassen.

M11 Das Bewerbungsfoto – der erste Eindruck zählt

Letzte Nacht durchgefeiert und noch nicht abgeschminkt und umgezogen? Dieses Bild beeindruckt Personalchefs bestimmt nicht, sondern wirkt äußerst unprofessionel.

Dieser junge Mann fühlt sich besonders cool. Aber wer steckt eigentlich hinter der Sonnenbrille, und wo wurde das Foto überhaupt aufgenommen – vieles lenkt ab und zeigt nicht, wer sich hier bewirbt.

Natürliches Lächeln, freundlicher Blick, gepflegtes Äußeres, neutraler Bildhintergrund – so kannst du dich deinem zukünftigen Arbeitgeber zeigen. Die Kleidung auf dem Bewerbungsfoto sollte zum Arbeitsumfeld passen.

AUFGABEN

1. Stelle typische Fehlerquellen für die verschiedenen Bewerbungsarten (E-Mail, Online-Formular) zusammen (**M6-M10**).
2. a) Gestalte ein Anschreiben für die Bewerbung zu deinem Praktikum (**M8, M11**).
   b) Überarbeitet die Anschreiben mit einem Partner.
3. Gestalte einen Lebenslauf für die Bewerbung zu deinem Praktikum (**M9**).
4. Spielt eine unternehmerische Entscheidung: Geht zu dritt zusammen und lasst euch von drei Mitschülern ihre Bewerbungsunterlagen (Anschreiben, Lebenslauf) geben. Entscheidet auf der Basis dieser Dokumente, ob ihr die Bewerber zum Vorstellungsgespräch einladet (**M8-M11**).
5. Begründe, welche Fotos für eine Bewerbung geeignet sind (**M11**).

F Erstelle eine Liste, worauf du bei Bewerbungsbildern achten solltest („Do's“ und „Dont's“) (**M11**).

F Erstellt eigene (geeignete und ungeeignete) Bewerbungsbilder (**M11**).

F Begründe, warum ein Lebenslauf mit Lücken von Nachteil sein kann.

Was erwartet mich beim Vorstellungsgespräch?

M12 Ablauf eines Vorstellungsgesprächs

Vorbereitung

Informationen zur Firma sammeln	Überlege dir Fragen zur Firma	Eigene Stärken und Schwächen sammeln	Anfahrt planen: Pünktlichkeit ist Pflicht!	Kleidung auswählen und zurechtlegen

Begrüßung

Gib zur Begrüßung die rechte Hand.	Stelle dich mit deinem vollständigen Namen vor.	Warte, bis dir ein Platz angeboten wird.

Interview

Beantworte alle Fragen ehrlich. z. B.: Was sind Ihre Lieblingsfächer und warum?	Stelle deine Fragen. z. B.: Wie stehen die Chancen, nach der Ausbildung übernommen zu werden?

Verabschiedung

Bedanke dich für das Gespräch.	Verabschiede dich mit „Auf Wiedersehen".

M13 Kleider machen Leute

- Kleidung sollte frisch gewaschen und gebügelt sein.
- Die Kleidung sollte zum Beruf passen: Banken und Versicherungen schätzen ein seriöses Auftreten (Anzug bzw. Hosenanzug). In handwerklichen Betrieben kleidet man sich nicht so schick. Hier ist z. B. ein Polo-T-Shirt sicher eine gute Wahl.
- Du musst dich in der Kleidung wohlfühlen! Wähle also Kleidung aus, die du schon einmal getragen hast.
- Trage gepflegte und saubere Schuhe, in denen du gut gehen kannst.
- Überlege dir, ob du Piercings entfernen und auffällige Tattoos verdecken möchtest – bei Kundenkontakt begrüßen Arbeitgeber dies in der Regel.
- Frauen sollten dezentes Make-Up wählen.

M14 Typische Fragen, die in einem Vorstellungsgespräch gestellt werden können

Erzählen Sie etwas über sich.

Wo liegen Ihre Stärken?

Wo sehen Sie Ihre Schwächen?

Warum haben Sie sich gerade bei uns beworben?

Warum denken Sie, die richtige Besetzung für diese Stelle zu sein?

Was machen Sie in Ihrer Freizeit?

Erzählen Sie uns eine Geschichte!

Was sind Ihre Ziele für die Zeit nach der Ausbildung?

Welches Buch lesen Sie gerade?

Mit wem würden Sie gerne mal etwas trinken gehen?

Wer ist Ihr Vorbild?

Wer oder was wären Sie gerne im nächsten Leben und warum?

M15 Worauf es beim ersten Eindruck ankommt …

Achte bei der Begrüßung auf einen festen Händedruck und Blickkontakt.

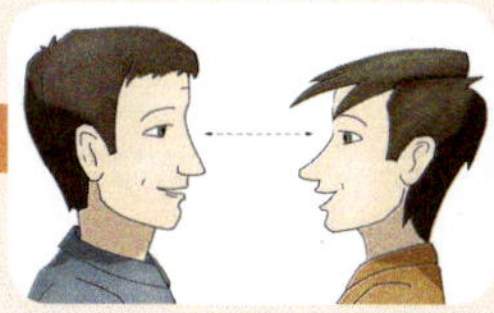

Schaue deinem Gegenüber während des Gesprächs in die Augen.

Achte auf eine aufrechte Sitzhaltung.

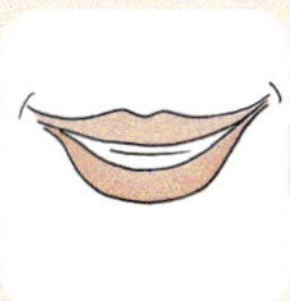

Lächle natürlich, das ist ein Zeichen von Sympathie.

Verschränke die Arme und Beine nicht, das wirkt desinteressiert.

Sprich laut, klar und deutlich.

Der Duft. Sympathie geht auch durch die Nase.

Wissenschaftlich bewiesen: Was beim ersten Eindruck zählt

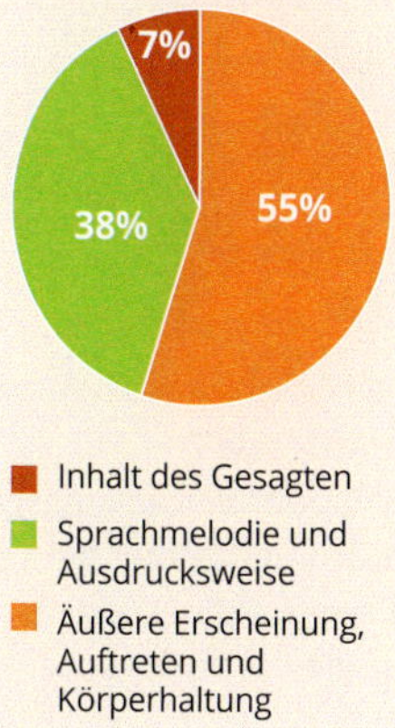

Business-Knigge – Die wichtigsten Benimmregeln, A. Quittschau / Ch. Tabernig, 2011

M16 Wie wichtig sind Schulnoten?

„Der erste Filter sind die Schulnoten" hört man häufig von Personalverantwortlichen. In Zeiten von Soft Skills sind dies jedoch nicht mehr die alleinigen Auswahlkriterien von Unternehmen. Die Schulnoten sind vor allem bei der Vorauswahl wichtig. Und natürlich sollten die Noten in dem Bereich, in dem man eine Ausbildung absolvieren möchte, in Ordnung sein. Neben den Schulnoten ist aber insbesondere der Gesamteindruck wichtig, den ein Bewerber hinterlässt. Dazu zählen seine sozialen Kompetenzen wie Teamfähigkeit, Ausdauer und Eigenmotivation. Aber auch Selbstständigkeit und Eigeninitiative werden immer wichtiger.

M17 Vorsicht in sozialen Netzwerken

Karikatur: Andreas Prüstel

F zu Aufgabe 2
Filmt euer Vorstellungsgespräch und achtet bei der Auswertung besonders auf die Körpersprache.

H zu Aufgabe 3
Nimm die Perspektive deines künftigen Arbeitgebers ein und überprüfe deine Profile in sozialen Netzwerken und deine Spuren im Internet: Sind alle öffentlich zugänglichen Daten in Ordnung?

AUFGABEN

1. „Viel wichtiger als Kleidung sind Noten und Fähigkeiten." Überprüfe diese Aussage anhand der Materialien (**M13-M16**).
2. a) Bildet Kleingruppen und simuliert ein Vorstellungsgespräch. Ergänzt die typischen Fragen durch eigene Fragen (**M12-M16**).
   b) Reflektiert das Vorstellungsgespräch. Tauscht euch aus, wie ihr euch in die Bewerberrolle eingefunden habt und was euch schwer gefallen ist.
3. Analysiere die Karikatur (**M17**).
4. Erstelle eine Liste mit Tipps für ein Vorstellungsgespräch (**M1-M17**).

GRUNDWISSEN

WIE BEWERBE ICH MICH? VON DER STELLENANZEIGE ZUR EINSTELLUNG

ERWARTUNGEN DER ARBEITNEHMER (M2)

Arbeitgeber erwarten heute von ihren Mitarbeitern fachliche Kenntnisse als auch soziale Fähigkeiten, wie z. B. Teamfähigkeit. Früher standen Fachkenntnisse und technische Kompetenzen (Hard Skills) im Vordergrund. Heute werden diese um Schlüsselqualifikationen (Soft Skills) ergänzt. Wer den Herausforderungen der Arbeitswelt genügen will, muss auch diese mitbringen. Für die Einstellung als Auszubildender spielt insbesondere das Interesse am Beruf und die Persönlichkeit eine Rolle.

STELLENANZEIGEN (M3, M4)

Stellenanzeigen finden sich sowohl in Zeitungen, auf Onlineportalen als auch bei der Agentur für Arbeit. Arbeitgeber beschreiben in Stellenanzeigen, welche Stelle zu besetzen ist, welche Anforderungen dafür erfüllt werden müssen und was geboten wird. In den Anforderungen, die beschrieben werden, unterscheidet man zwischen Muss- und Kann-Anforderungen.
Gefällt einem Bewerber eine Stelle und hat er den Eindruck, dass er auf die Anzeige passen würde, reicht er seine Bewerbungsunterlagen ein. Der Arbeitgeber lädt diejenigen zu einem Gespräch oder Einstellungstest ein, die passen könnten.

BEWERBUNGSUNTERLAGEN (M6-M11)

Bewerbungsunterlagen befinden sich in einer Bewerbungsmappe. Auf der Bewerbungsmappe liegt das Anschreiben, in dem man sein Interesse an der ausgeschriebenen Stelle bekundet und erläutert, warum dieser Arbeitgeber gerade diesen Bewerber einstellen sollte. In die Bewerbungsmappe gehören der Lebenslauf und die Anlagen. Im Lebenslauf beschreibt man alle wichtigen Stationen des bisherigen Lebens. Die Anlagen belegen diese Stationen.

VORSTELLUNGSGESPRÄCH (M12-M17)

In einem Vorstellungsgespräch prüft der Arbeitgeber, ob der Bewerber zum Betrieb und zur ausgeschriebenen Stelle passt. Manchmal wird auch ein Assessment Center durchgeführt. Dabei wird das klassische Bewerbungsgespräch um Gruppenaufgaben mit anderen Bewerbern ergänzt, wie z. B. eine Diskussion oder Präsentation.

SELBSTEINSCHÄTZUNG

Dein Berufspraktikum steht noch bevor, aber die ersten Fühler in die Berufswelt hast du ausgestreckt... Wie fit fühlst du dich nach diesem Kapitel in deiner beruflichen Orientierung?

Ich kann ...	Das klappt schon ...	Hier kann ich noch üben ...
... ein Portfolio gestalten.		Kapitel 4.1: Kompetenz
... meine Stärken und Schwächen beschreiben.		Kapitel 4.1: M1-M4
... darstellen, wie ich später arbeiten möchte.		Kapitel 4.1: M5, M6
... mein Berufsziel erläutern.		Kapitel 4.2: M2
... Möglichkeiten erklären, wie es nach dem Schulabschluss weitergehen kann.		Kapitel 4.2: M1
... eine Befragung durchführen.		Kapitel 4.2: Kompetenz
... verschiedene Wege zur Berufsfindung nennen.		Kapitel 4.2: M3-M7
... erklären, warum lebenslanges Lernen und Flexibilität wichtig sind.		Kapitel 4.2: M8, M9
... den Zeitplan meiner Berufswahl beschreiben.		Kapitel 4.2: Grundwissen
... einen Plan B für meine Berufswahl erläutern.		Kapitel 4.2: M8
... Stellenanzeigen auswerten		Kapitel 4.3: Kompetenz
... Bewerbungsunterlagen erstellen		Kapitel 4.3: M6-M11

M1 Berufsporträts erstellen

Vielleicht habt ihr euren Traumberuf schon gefunden? Erstellt zu den in eurer Klasse genannten Berufswünschen jeweils Kurzporträts.

Formuliert zunächst Leitfragen. Berücksichtigt z. B. folgende Aspekte:

- Über welche Fähigkeiten sollte derjenige, der den Beruf ausüben möchte, verfügen?
- Welche schulischen Voraussetzungen werden verlangt?
- Wie lange dauert die Ausbildung?
- Welche Tätigkeiten werden ausgeübt?
- Wie sind die Verdienstmöglichkeiten?
- Welche Aufstiegschancen hat man?
- Hat man die Möglichkeit, diesen Beruf auch im Ausland auszuüben?
- Wie ist die aktuelle Lage auf dem Arbeitsmarkt?
- Ist der Beruf ein krisensicherer Beruf? Wie sind die Zukunftschancen?

Analysiert in einem zweiten Schritt, z. B. durch die Auswertung entsprechender Stellenanzeigen, welche spezifischen Anforderungen an diesen Beruf gestellt werden.

Informationen findet ihr z. B. hier:
Seite der Bundesagentur für Arbeit für Jugendliche und Auszubildende:
www.planet-beruf.de

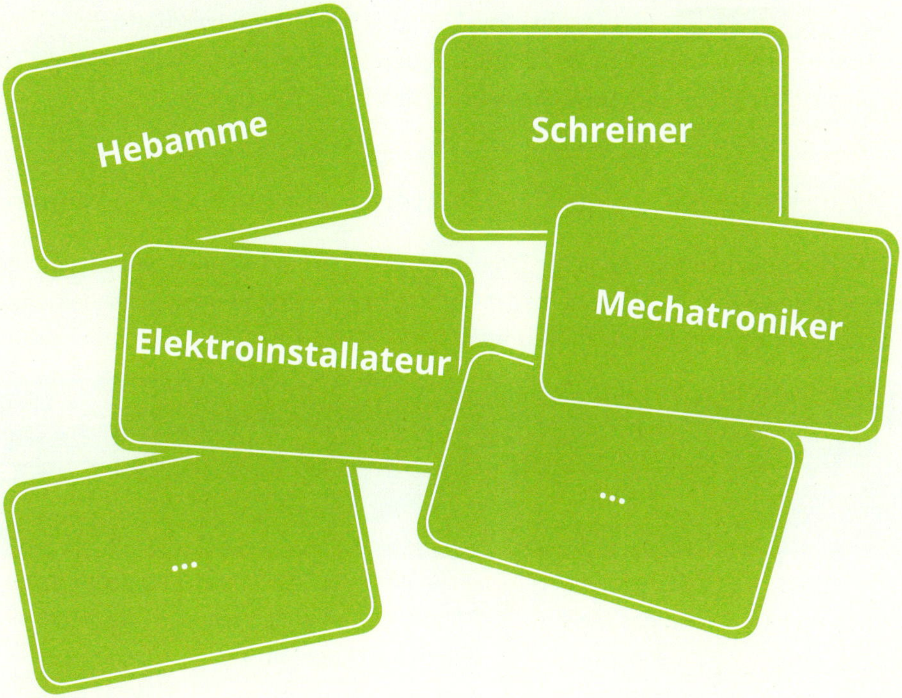

Aufgabe

Erstellt mit diesen Informationen eine kleine Sammlung von Berufsbeschreibungen (Wandposter, Karteikarten, Dateien ...).

Urteilsbildung: Wie treffe ich eine wirtschaftliche Entscheidung?

M1 Wirtschaften heißt, sachorientiert zu entscheiden

Wirtschaften heißt, sich entscheiden müssen. Egal ob reich oder arm, jung oder alt, hochgebildet oder ohne Schulabschluss: Im Alltag musst du dich ständig entscheiden, vor allem in „der Wirtschaft". Deine Entscheidungen fällst du, nachdem du sachliche Argumente abgewogen hast. Das gilt wahrscheinlich für alle Rollen, die du in diesem Buch genauer kennengelernt hast:

Als **Konsument** entdeckst du z. B. zwei völlig identische Produkte zu unterschiedlichen Preisen in zwei Supermarkt-Prospekten. Wahrscheinlich fährst du zum günstigeren Anbieter.

Als **Geldanleger** bieten dir zwei Banken genau dieselben Bedingungen für die Eröffnung eines Girokontos an. Du nimmst dann vielleicht diejenige Bank, deren Geldautomaten geschickter zu erreichen sind.

Als **Kreditnehmer** nimmst du deinen Kredit bei der Bank auf, die dir einen aktuell günstigen Zinssatz nicht nur 5 Jahre, sondern 10 Jahre garantiert. Damit hast du mehr Sicherheit.

Als **Berufswähler** oder **Arbeitnehmer** entscheidest du dich vielleicht für den Beruf, der dir das höchste Einkommen verspricht.

Du bist sachorientiert an der günstigsten, schnellsten, qualitativ besten oder sichersten Lösung interessiert. Man kann auch sagen, du entscheidest „wirtschaftlich" – mit den vorhandenen Mitteln holst du das Beste für dich raus.

M2 Wirtschaften heißt auch, wertorientiert zu entscheiden

Ob als Konsument, Geldanleger, Berufswähler ... häufig können Entscheidungen nicht auf eine rein sachorientierte Art und Weise getroffen werden. Entscheidungen sind häufig geprägt von **Werthaltungen**:

Rolle (Entscheidungssituation)	Entscheidung A	ausschlaggebend:	Entscheidung B	ausschlaggebend:
		Wirtschaftlichkeit (=Effizienz)		Werthaltung
Konsument (T-Shirt-Kauf)	Ich kaufe immer das billigste T-Shirt, weil ich wenig Geld zur Verfügung habe.	mit meinen Mitteln das Meiste rausholen (Maximalprinzip)	Ich kaufe meist Fair-Trade T-Shirts, denn faire Löhne sind mir wichtiger als ein paar Euro Ersparnis.	Solidarität / Gerechtigkeit
Konsument (Duschen oder Baden?)	Ich dusche immer, denn das geht am schnellsten und spart Wasser.	Schnelligkeit, Wirtschaftlichkeit	Ich muss abends einfach baden. Das entspannt mich und tut mir gut.	Wohlbefinden

Geldanleger (Auswahl der Aktien)	Ich freue mich über meine hohen Gewinne bei der Aktienanlage.	mit meinen Mitteln das Meiste rausholen (Maximalprinzip)	Ich investiere mein Geld in Aktienfonds, die auf Umweltschutz Wert legen. Ich will keinen Gewinn auf Kosten der Umwelt machen.	Umweltschutz / Nachhaltigkeit
Geldanleger (Wohin mit dem Geld ...)	Ich spare mein Geld auf dem Sparbuch, denn das ist am sichersten.	Sicherheit	Ich gebe mein Geld lieber aus, denn auf dem Sparbuch kriege ich so gut wie keine Zinsen.	Spaß
Kreditnehmer (Auswahl des Kreditinstituts)	Ich bin zufrieden mit meiner Bank, sie bieten einfach die günstigsten Kreditzinsen. Die Bank entlässt zwar gerade trotz hoher Gewinne viele Mitarbeiter – aber das ändert daran ja nichts.	mit meinen Mitteln das Meiste rausholen (Maximalprinzip)	Ich zahle gern etwas höhere Kreditzinsen, denn meine Bank unterstützt mit sehr hohem Engagement eine Vielzahl an sozialen Projekten, die z.B. Flüchtlingen zugutekommen.	Gemeinwohlorientierung, Solidarität
Berufswähler	Ich werde Investmentbanker, denn dort kann man sehr viel Geld verdienen.	mit meinen Mitteln das Meiste rausholen (Maximalprinzip)	Ich werde Musiker, denn dann wird mein Hobby zu meinem Beruf.	Spaß / Selbstverwirklichung
Unternehmer (Wer bekommt welchen Lohn?)	Ich stelle natürlich Frauen ein. Denen kann man weniger bezahlen als einem Mann.	mit den Mitteln das Meiste rausholen (Maximalprinzip)	Ich zahle Frauen und Männern in den gleichen beruflichen Positionen grundsätzlich auch das gleiche Gehalt, wenn sie gleich gut arbeiten.	Gerechtigkeit / Gleichheit

AUFGABEN

1. Diskutiert in Kleingruppen über die Aussagen in **M2**. Welchen stimmt ihr zu, welchen nicht? Begründet eure Meinung.
2. a) Suche eigene Beispiele für Entscheidungssituationen zu jeder Rolle (Konsument, Geldanleger, Kreditnehmer, Berufswähler)
   b) Formuliere jeweils zwei mögliche Entscheidungen – eine wirtschaftlich geprägt, die andere wertorientiert (**M1**, **M2**).
3. Greife noch einmal den Zeitstrahl des Einstiegskapitels auf.
   a) Welche Werte sind dir persönlich aktuell am wichtigsten? Trage Sie in den Zeitstrahl ein und ergänze fehlende.
   b) Frage deine Eltern und Großeltern nach ihren wichtigsten Werten. Beobachtest du eine Veränderung im Laufe des Lebens bzw. in den verschiedenen Generationen?

H zu Aufgabe 3a)
Selbstverantwortung; Umweltschutz; Ehrlichkeit; Pünktlichkeit / Fleiß; Gemeinwohlorientierung; Freiheit; Sicherheit; Frieden; Gleichheit; Hilfsbereitschaft; Familie; Heimatliebe; Ordnung; (eigener) Wohlstand; Gerechtigkeit; Solidarität (z. B. mit den Schwachen und Unterdrückten [aus aller Welt]); Religion; Eigeninitiative ...

ERLÄUTERUNGEN ZU OPERATOREN

Operatoren für die gesellschaftswissenschaftlichen Fächer (2016)

Hinweis: Die Anforderungsbereiche sind wechselseitig abhängig. Demzufolge schließt der Anforderungsbereich III die Anforderungsbereiche I und II, der Anforderungsbereich II den Anforderungsbereich I ein. Innerhalb der Anforderungsbereiche haben wir die Operatoren nach ansteigendem Schwierigkeitsgrad angeordnet.

Anforderungsbereich I: Reproduktion
(Wiedergeben und Beschreiben)

Arbeitsanweisung in der Aufgabe	Was ist genau zu tun?	Was dir zusätzlich helfen kann
nennen	Du zählst knapp die gefragten Informationen oder Begriffe auf	Wenn es Stichworte sein sollen, dann kann es sinnvoll sein, deiner Antwort eine Struktur zu geben: 1. ..., 2. ..., 3. .... usw.
beschreiben	Du gibst die wichtigsten Merkmale in ganzen Sätzen und eigenen Worten wieder. Das kann aus eigenem Wissen oder mithilfe von Bildern, Karikaturen, Statistiken... erfolgen.	Bei Bildern, Karikaturen, Grafiken kannst du folgende Formulierungen verwenden: *„Hier ist abgebildet ...“ – „Hier sehe ich ...“*
bezeichnen	Dieser Operator wird in erster Linie in der Geografie verwendet. Du drückst wichtige Sachverhalte in eigenen Worten aus, die dir z. B. in einer Karte, einer Tabelle oder einem Schaubild aufgefallen sind.	Achte darauf, möglichst exakt auf den Punkt zu bringen, was dir aufgefallen ist und dabei die entsprechenden Fachbegriffe zu verwenden. Dabei hilft dir z. B. die Legende einer Karte.

Anforderungsbereich II: Reorganisation und Transfer
(selbstständiges Erklären, Einordnen und Anwenden)

Arbeitsanweisung in der Aufgabe	Was ist genau zu tun?	Was dir zusätzlich helfen kann
herausarbeiten	Du „filterst“ aus einem Material unter bestimmten Gesichtspunkten die entsprechenden Informationen heraus.	Achte darauf, welche Gesichtspunkte in der Aufgabenstellung genannt werden. Vermeide eine reine Inhaltswiedergabe. Gib bei Texten die Zeilen an, auf die du dich beziehst.
charakterisieren	Du findest heraus, worin die charakteristischen Merkmale bestehen und beschreibst das besonders Auffällige.	Du nennst die Merkmale und fasst die wichtigsten Auffälligkeiten zusammen. Verwende Belege.

Arbeitsanweisung in der Aufgabe	Was ist genau zu tun?	Was dir zusätzlich helfen kann
erstellen	Du zeigst Zusammenhänge auf – oft mit einer Skizze oder einer Zeichnung.	Hierfür kannst du z. B. Pfeile, Tabellen oder eine Mindmap verwenden.
darstellen	Du zeigst Zusammenhänge auf. In der Regel schreibst du dazu einen eigenen, gegliederten Text oder entwirfst ein Schaubild.	Damit dein Aufschrieb oder dein Schaubild nicht ein Durcheinander von Sätzen oder Pfeilen wird, kann vorher eine Stichwortsammlung bzw. ein erster Gliederungsentwurf hilfreich sein.
analysieren	Du wertest Materialien systematisch aus.	Es reicht nicht, alle Besonderheiten und Auffälligkeiten aufzuzählen, du musst diese auch sortieren und auswerten, indem du diese in Zusammenhang setzt.
ein-, zuordnen	Du stellst etwas in einen Zusammenhang, der dir durch die weitere Aufgabenstellung vorgegeben wird.	Achte darauf, auch zu erklären, warum das eine zum anderen passt. Als Vorarbeit kann es wichtig sein, zunächst zu beschreiben, was ein- oder zugeordnet werden soll.
begründen	Du untermauerst eine Aussage mit Gründen.	Formulierungen, die du verwenden kannst: *„Dafür spricht …" – „Ein Grund dafür ist …"*
erklären	Du gibst auf der Basis deines Wissens eine Antwort.	Hier sollst du die Gründe für etwas oder die Zusammenhänge von etwas aufzeigen. So kannst du eine Antwort auf die Frage geben, warum etwas so ist oder war. Formulierungen, die du verwenden kannst: *„weil …"; „deshalb …"; „daher …"; „dadurch …"*
erläutern	Du erklärst, warum etwas so ist, und nennst dabei Beispiele oder Belege.	Die hier besonders wichtigen Beispiele und Belege sollen deine Erklärung veranschaulichen, also verständlich machen, warum etwas so ist. Formulierungen, die du verwenden kannst: *„Dies zeigt sich daran, dass …" – „Dies wird belegt durch …"*
vergleichen	Du arbeitest bestimmte Gesichtspunkte heraus (vgl. Operator herausarbeiten) und suchst nach Gemeinsamkeiten und Unterschieden, die du gewichtest. Am Schluss formulierst du ein Ergebnis.	Hier kann eine dreispaltige Tabelle hilfreich sein: Spalte 1: Merkmal, das du vergleichen möchtest Spalte 2: Material 1 Spalte 3: Material 2 Achte darauf, dass auch die Nennung von Unterschieden zu einem Vergleich gehört. Unterstreiche mit zwei verschiedenen Farben jeweils die Gemeinsamkeiten und Unterschiede.

Anforderungsbereich III: Reflexion und Problemlösung
(Umgang mit Urteilen und Abwägen von Handlungsmöglichkeiten)

Arbeitsanweisung in der Aufgabe	Was ist genau zu tun?	Was dir zusätzlich helfen kann
überprüfen	Du untersuchst, ob eine Aussage stimmig ist, und formulierst ein Ergebnis deiner Überlegungen.	Überlege dir, ob die Aussage Sinn macht, oder ob nicht. Du musst nicht abwägen, sondern kannst dich für eine Richtung entscheiden. Achte bei deiner Begründung auf die Kriterien.
beurteilen	Du nimmst Stellung zu einer Aussage von anderen oder einem Sachverhalt. Dabei geht es darum herauszufinden, ob diese Aussage überzeugend – also logisch und in sich stimmig – ist. Gib dabei die Gründe für dein Urteil an.	Nenne die Kriterien, mit denen du die Stimmigkeit überprüfst. Formulierungen, die du verwenden kannst: *„Ich halte die Aussage für überzeugend, weil …“* – *„Weniger / nicht überzeugend ist, dass …“*
bewerten	Auch hier geht es darum, Stellung zu beziehen. Allerdings kannst und sollst du hier stärker das einbeziehen, was dir persönlich oder unserer Zeit heute wichtig ist.	Nenne die Kriterien, mit denen du die Stimmigkeit überprüft hast und achte darauf, dass du deine dir wichtigen Werte und die damit verbundenen Vorstellungen begründet zum Ausdruck bringst: Formulierungen, die du verwenden kannst: *„Ich halte das für richtig (bzw. falsch), weil …“* – *„Damit habe ich Schwierigkeiten, weil …“* – *„Die Menschen heute sehen das anders, da …“* - *„Mir ist besonders folgender Wert wichtig …“* – *„und deshalb …“*
erörtern	Dir wird ein Problem vorgegeben. Wie auf einer zweischaligen Waage kannst du das Problem abwägen. Lege die Gründe dafür in die eine Schale, die Gründe dagegen in die andere. Am Ende kommst du zu einem Ergebnis deiner Abwägung. Dabei hilft wieder der Blick auf die Waage: In welcher Waagschale finden sich die gewichtigeren Gründe?	Formulierungen, die du verwenden kannst: *„Dafür spricht …“* – *„Dagegen spricht …“* – *„Insgesamt komme ich zu der Einschätzung, dass …“*
entwickeln	Du suchst nach einem Lösungsansatz für ein Problem.	Achte darauf, dass sich dein Lösungsansatz mit Gründen oder Belegen aus den vorgegebenen Materialien untermauern lässt.
gestalten	Du stellst etwas her oder entwirfst etwas, zum Beispiel eine Rede, ein Streitgespräch zwischen zwei Personen.	Dabei ist besonders deine Kreativität gefragt. Achte aber darauf, die Aufgabenstellung im Blick zu behalten. Beachte ebenfalls: Wen willst du ansprechen? Was willst du mit deinem Produkt erreichen?

METHODENGLOSSAR

Ampelkartenabfrage

Ziele: Festlegung auf eine eindeutige eigene Position; Ermittlung eines Meinungsbildes der Gesamtgruppe

Orte im Unterricht: erste Meinungsabfrage, Einleitung der abschließenden Urteilsbildung

Ablauf: Jeder Teilnehmer erhält eine grüne und eine rote Karte. Zu einer politischen Streitfrage (die als Entscheidungsfrage formuliert ist) oder einer kontroversen These positioniert ihr euch nach kurzer Bedenkzeit auf ein Zeichen des Lehrers, indem ihr entweder die grüne (Zustimmung) oder die rote Karte (Ablehnung) deutlich sichtbar hochhaltet. Enthaltungen oder Zwischenpositionen sind nicht zugelassen. Einzelne Teilnehmer (ggf. im Blitzlichtverfahren auch alle) werden aufgefordert, ihre Meinung mit ihrem Hauptargument zu begründen. Dieses Argument kann auch in der Vorbereitungszeit stichwortartig bereits auf der (laminierten) Karte notiert werden..

Unbedingt beachten: Alle Teilnehmer müssen sich gleichzeitig positionieren. Ein Meinungswechsel und eine Diskussion sind während der Ampelkartenabfrage nicht vorgesehen.

Fish-Bowl-Diskussion

Ziele: Perspektivübernahme, Erarbeitung, Artikulation und Argumentation unterschiedlicher Positionen; kommunikatives Handeln

Orte im Unterricht: Phase der Urteilsbildung

Ablauf: Eine Kleingruppe diskutiert in einem Innenkreis in der Mitte des Raumes ein Thema, während die übrigen Schüler in einem Außenkreis darum herumsitzen („Fish-Bowl"), die Diskussion genau verfolgen und den Diskutanten im Anschluss eine Rückmeldung zum Diskussionsverhalten und Argumentation geben. Ein Moderator im Innenkreis leitet die Diskussion. In der Diskussionsrunde steht ein Stuhl mehr als es Teilnehmer gibt. Den freien Platz kann jemand aus der Beobachtergruppe einnehmen, um Fragen zu stellen oder seine Meinung einzubringen. Danach verlässt er die Diskussionsrunde wieder.

Variante: Der Zuschauer verbleibt in der Diskussionsrunde, dafür verlässt ein anderer Diskutant die Runde und macht seinen Stuhl für einen anderen frei.

Unbedingt beachten: Fragestellung sollte möglichst offen sein und in der Diskussion verschiedene Richtungen ermöglichen.

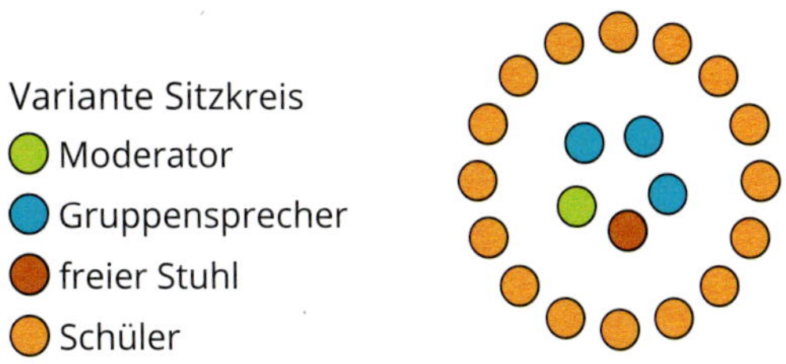

Gruppenpuzzle

Ziele: Arbeitsteilige selbstständige Erarbeitung und Präsentation von (Teil-)Inhalten

Orte im Unterricht: Erarbeitung, Schaffung einer breiten Informationsbasis

Ablauf: Ein Thema wird in unterschiedliche, möglichst gleichwertige Teilthemen/ -aufgaben (= Puzzleteile) unterteilt, die in Gruppen erarbeitet werden. Das Gruppenpuzzle arbeitet mit zwei Gruppenformen (Stamm- und Expertengruppe) und wird in drei Phasen durchgeführt:

1. In der ersten Phase werden die Schüler in Stammgruppen eingeteilt. Jedes Mitglied erhält eine Teilaufgabe (= Puzzleteil) einer Gesamtaufgabe, die es erarbeitet und für die es zum „Experten" wird.

2. In der zweiten Phase treffen sich alle „Experten", die dieselbe Teilaufgabe bearbeitet haben, in den sog. Expertengruppen, tauschen sich aus, klären offene Fragen und vertiefen ihr Expertenwissen.

3. In der dritten Phase kehren die Experten in ihre jeweilige Stammgruppe zurück und informieren die Mitglieder der Stammgruppe über ihre Erkenntnisse (= Zusammensetzung der Puzzleteile).

Unbedingt beachten: Nach dieser Phase muss jedes Gruppenmitglied über alle Teilaspekte eines Themas (= Puzzleteile) informiert sein. Die Teilergebnisse sollten zu einem Gesamtergebnis zusammengeführt werden.

Mindmap

Ziele: Anschauliche Strukturierung von Informationen oder Themen; Entfaltung eines Themas und Vernetzung mit bereits bestehendem Vorwissen

Orte im Unterricht: Einstieg, (Beginn der) Erarbeitung eines Themas; Entfaltung eines Themengebiets, z. B. bei der Vorbereitung eines Referats, ggf. systematische Sicherung der Kernergebnisse einer Unterrichtsreihe

Ablauf:

1. Verwende ein unliniertes Blatt DIN-A4 (oder größer), lege es quer und schreibe das Thema der Arbeit groß in die Mitte des Blattes.
2. Sammle wesentliche Aspekte zum Thema und schreibe diese von den Hauptästen abgehend auf dein Blatt. Überlege genau, welche (Schlüssel-)Begriffe du hier verwendest, denn durch diesen Schritt strukturierst du dein Thema grundlegend.
3. Ergänze nun weitere Informationen zu den Teilaspekten, indem du kleinere Äste auf der zweiten (oder dritten) Gedankenebene anlegst.
4. Vervollständige abschließend deine Mindmap, indem du an jedem Ast passende Begriffe und Ideen ergänzt.

Unbedingt beachten: Um das Mindmapping zu erlernen, empfiehlt es sich, in der vorgeschlagenen Weise vorzugehen. Mit der Zeit entwickelst du dann deinen eigenen Stil.

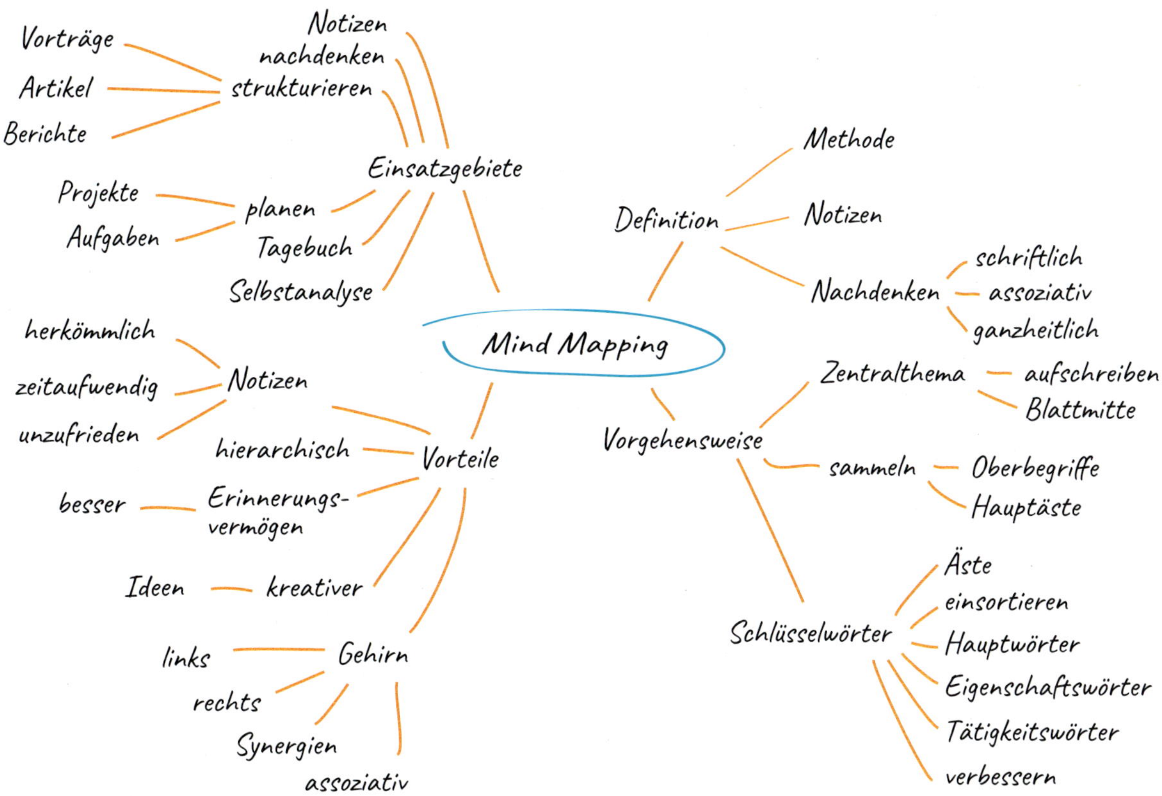

Nach: Ralf Senftleben, www.zeitzuleben.de, Abruf am 1.7.2015

Podiumsdiskussion

Ziele: Perspektivübernahme, Erarbeitung, Artikulation und Argumentation unterschiedlicher Positionen; kommunikatives Handeln

Orte im Unterricht: Phase der Urteilsbildung

Ablauf: Zur Vorbereitung werden unterschiedliche Positionen zu einer bestimmten Thematik (in Gruppenarbeit) erarbeitet (Rollenübernahme). Ein Moderator (in der Regel die Lehrperson) führt thematisch in die Diskussion ein, stellt die teilnehmenden Figuren und ihre jeweilige Position kurz vor. Darüber hinaus gibt er die Regeln bekannt: Zunächst soll jeder Diskutant seine Position in einem kurzen Statement (max. zwei Minuten) vorstellen. Nach Abschluss dieser ersten Runde können die übrigen Teilnehmer darauf Bezug nehmen. Der Moderator wahrt absolute Neutralität, stellt im Verlauf der Diskussion Gemeinsamkeiten und Unterschiede in den Positionen heraus, fragt nach, präzisiert, macht auf Widersprüche aufmerksam und setzt neue Impulse oder provoziert, um die Diskussion weiterzuentwickeln. Er achtet auf eine gleichmäßige Verteilung der Redeanteile und zieht am Ende der Diskussion eine Bilanz.

Variante: Die Zuschauer erhalten Rollenkarten und bewerten aus ihrer jeweiligen Position heraus die Diskussion.

Unbedingt beachten: Da die Moderatorenrolle äußerst anspruchsvoll ist, sollte sie nur in erfahrenen Lerngruppen an einen Schüler übertragen werden. Auf ein entsprechendes Setting (Podium, Bühne) achten.

Pro-Kontra-Debatte

Ziele: Perspektivübernahme, Erarbeitung, Artikulation und Argumentation unterschiedlicher Positionen; kommunikatives Handeln

Orte im Unterricht: Phase der Urteilsbildung

Ablauf: Einteilung der Klasse in Pro- und Kontra-Gruppen und Erarbeitung der jeweiligen Positionen. Die Gruppen benennen einen Diskutanten. Moderator gibt das Thema bekannt und führt im Publikum eine erste Abstimmung durch. Jeder Debattenteilnehmer stellt seine Position in einem Kurzstatement vor (max. 2 Minuten). Hier empfiehlt sich ein Wechsel zwischen den Pro-Kontra-Positionen. In dieser Phase wird noch nicht aufeinander Bezug genommen. In der folgenden freien Aussprache (max. 10 Minuten) tauschen die Teilnehmer ihre Argumente aus, nehmen aufeinander Bezug. Am Ende sollen Mehrheiten für eine bestimmte Position gewonnen werden. Nach der freien Aussprache geben die Diskutanten ein Schlussplädoyer (max. 1 Min.) ab und werben noch einmal für ihre Position. Im Anschluss wird eine Schlussabstimmung im Publikum, den Adressaten der Debattenteilnehmer, durchgeführt.

Unbedingt beachten: Zuspitzung der Themenstellung auf eine Ja-Nein-Frage (Entscheidungsfrage). Da die Debatte eine hoch formalisierte Form der Diskussion ist, sollten die Regeln unbedingt eingehalten werden. (Zeitmanagement)

Positionierung im Raum, Meinungslinie

Ziele: Festlegung auf eine eindeutige eigene Position; Ermittlung eines Urteilsbildes der Gesamtgruppe; ggf. Erhebung von Vorausurteilen (Meinungslinie)

Orte im Unterricht: abschließende, kriteriengeleitete Urteilsbildung; ggf. Einleitung der Urteilsbildung

Ablauf: Der Unterrichtsraum wird durch eine Linie (z. B. mit Krepp-Band markiert) durchschnitten. Nach einer Vorbereitungszeit positionieren sich alle Teilnehmer gemäß ihres eigenen Urteils auf der Linie. Einzelne Teilnehmer werden aufgefordert, ihre Meinung mit ihrem Hauptargument zu begründen.

Unbedingt beachten: Alle Teilnehmer müssen sich gleichzeitig positionieren. Alle Positionen im Raum sind zugelassen. Ein Meinungswechsel und eine Diskussion sind während der Positionierung im Raum nicht mehr vorgesehen. Die Raumaufteilung sollte im Vorfeld visuell verdeutlicht werden.

Zustimmung gering — mittel — **Zustimmung** hoch

Tableset / Placemat

Ziele: Erhebung von Vorkenntnissen/Vorstellungen, Entwicklung von Ideen

Orte im Unterricht: Vor der eigentlichen thematischen Erarbeitung, im Rahmen der Möglichkeitserörterung

Ablauf: Es werden 4er-Gruppen gebildet. Jede dieser Gruppen erhält ein quadratisches Papier (mindestens A3-Breite). Knapp die Hälfte der Fläche des Blattes wird durch ein aufgedrucktes Quadrat eingenommen, dessen Seiten immer den gleichen Abstand zum Blattrand aufweisen. In diesem Quadrat steht ein Begriff, eine Frage oder eine Aussage (zu Begriffen kann assoziiert, Fragen können beantwortet, Aussagen können erklärt oder beurteilt werden).

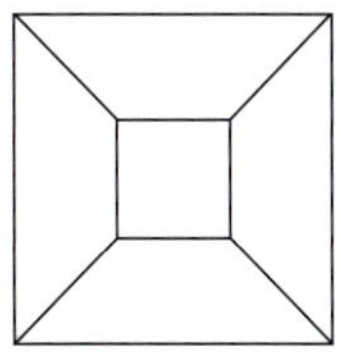
Table-Set für 4 Personen

Phase 1 – Jede/r Schüler/in bearbeitet die gegebene Aufgabe für sich selbst und trägt seine Lösung in das vor ihr/ihm liegende Seitenfeld des Papiers leserlich (stichpunktartig) ein.
Phase 2 – Das Quadrat wird im Uhrzeigersinn gedreht, sodass jedes Gruppenmitglied die Ansätze der anderen zur Kenntnis nehmen kann.
Phase 3 – In der Gruppe können Nachfragen gestellt und Klärungen herbeigeführt werden.
Phase 4 – Die Gruppe entwickelt auf der Grundlage ihrer Ideen aus Phase 1 bis 3 eine gemeinsame Lösung für die Aufgabe, die sie gut lesbar im inneren Quadrat festhält. Diese kann im Anschluss präsentiert und mit den anderen verglichen werden.

Variante: Die Gruppen können auch unterschiedliche Aufgaben erhalten. In Phase zwei können die Gruppenmitglieder bereits Fragen oder weiterführende Ideen mit einer anderen Farbe in den anderen Feldern eintragen.

Unbedingt beachten: Während Phase eins und zwei wird nicht gesprochen. Für die Phasen müssen klare Zeitvorgaben gegeben werden.

REGISTER

BILDNACHWEIS

Adam Opel AG, Rüsselsheim – S. 28; AZUBIYO GmbH, München – S. 164;

Baaske Cartoons / Thomas Plaßmann, Müllheim – S. 85; Bundesagentur für Arbeit, Nürnberg – S. 149, 150 (4); Bundesverband der Verbraucherzentralen und Verbraucherverbände – Verbraucherzentrale Bundesverband e.V. – S. 98;

Christliche Initiative Romero (CIR) e.V., Münster – S. 36;

ddp images / Torsten Silz – S. 97; Deutsche Postbank AG, Bonn – S. 81 (4); DIES ISRAE – S. 37 (2); dpa Infografik – S. 27, 82, 124; dpa Picture Alliance / AP /A.M. Ahad – S. 32; - / Ulrich Baumgarten – S. 162; - / EPA / Abir Abdullah – S. 31; - / Klaus Ohlenschläger – S. 55, 162; - / Frank Rumpenhorst – S. 92; - / Patrick Seeger – S. 66;

Fairphone B.V., Amsterdam – S. 35; Fotolia / adisa – S. 15;

Getty Images / Anadolu Agency – S. 32; - / Bloomberg – S. 92; - / BSIP / Kontributor – Cover; - / Paul Marotta – S. 31;

iStockphoto / Wilfried Besler – S. 55; - / kozmoat98 – S. 64;

Sandra Kirsamer, Römerstein – S. 134 (3);

Axel Martens, Hamburg – S. 12; Ministerium für Wirtschaft, Arbeit und Wohnungsbau Baden-Württemberg, Stuttgart – S. 150;

Andreas Prüstel, Berlin – S. 170;

Meike Rademacher, Bamberg – S. 62, 63; REUTERS Pictures / Kai Pfaffenbach – S. 92;

Statista GmbH, Hamburg – S. 125; StepStone Deutschland GmbH, Düsseldorf – S. 162;

The Walt Disney (Germany) GmbH, München – S. 72 (3); Thinkstock / DigitalVision / Ryan McVay – S. 167; - / Hemera / Paulus Rusyauto – S. 75;

Thinkstock / iStockphoto – S. 47; - / iStockphoto / alice-photo – S. 108; - / iStockphoto / amazingmikael – S. 144; - / iStockphoto / Alex Brylov – S. 15; - / iStockphoto / deniskomarov – S. 167; - / iStockphoto / DenKuvaiev – S. 145; - / iStockphoto / dennisvdw – S. 64; - / iStockphoto / djcodrin – S. 110; - / iStockphoto / dolgachov – S. 15; - / iStockphoto / g-stockstudio – S. 111; - / iStockphoto / Ikonoklast_Fotografie – S. 78; - / iStockphoto / KatarzynaBialasiewicz – S. 142; - / iStockphoto / kosmos111 – S. 78; - / iStockphoto / kzenon – S. 142; - / iStockphoto / LSOphoto – S. 154; - / iStockphoto / majivecka – S. 87 (2); - / iStockphoto / Mclninch – S. 154; - / iStockphoto / m-imagephotography – S. 167; - / iStockphoto / monkeybusinessimages – S. 78, 139; - / iStockphoto / Poike – S. 110; - / iStockphoto / Andrey Popov – S. 117; - / iStockphoto / Ridofranz – S. 167; - / iStockphoto / Chris Rogers – S. 64; - / iStockphoto / Askold Romanov – S. 48; - / iStockphoto / runzelkorn – S. 144; - / iStockphoto / seb_ra – S. 146; - / iStockphoto / spediter – S. 142; - / iStockphoto / Topp-Yimgrimm – S. 88; - / iStockphoto / Wavebreakmedia – S. 162; - / iStockphoto / yulia_lavrova – S. 151; - / iStockphoto / zoff-photo – S. 111; - / Monkey Business Images – S. 154; - / Monkey Business Images / Stockbroker – S. 117; - / Photodisc / Jochen Sand – S. 108; - / Purestock – S. 15; - / Stockbyte / altrendo images – S. 142; - / Stockbyte / Jupiterimages – S. 75;

VISUM Foto GmbH / Holde Schneider, Hamburg – S. 45, 47;

www.ebay.de – S. 55; www.wikimedia.org / DesertEagle – Cover, 55; - / Wen-Cheng Liu / cc-by-sa 3.0 – S. 61;

Bildungswege in Baden-Württemberg

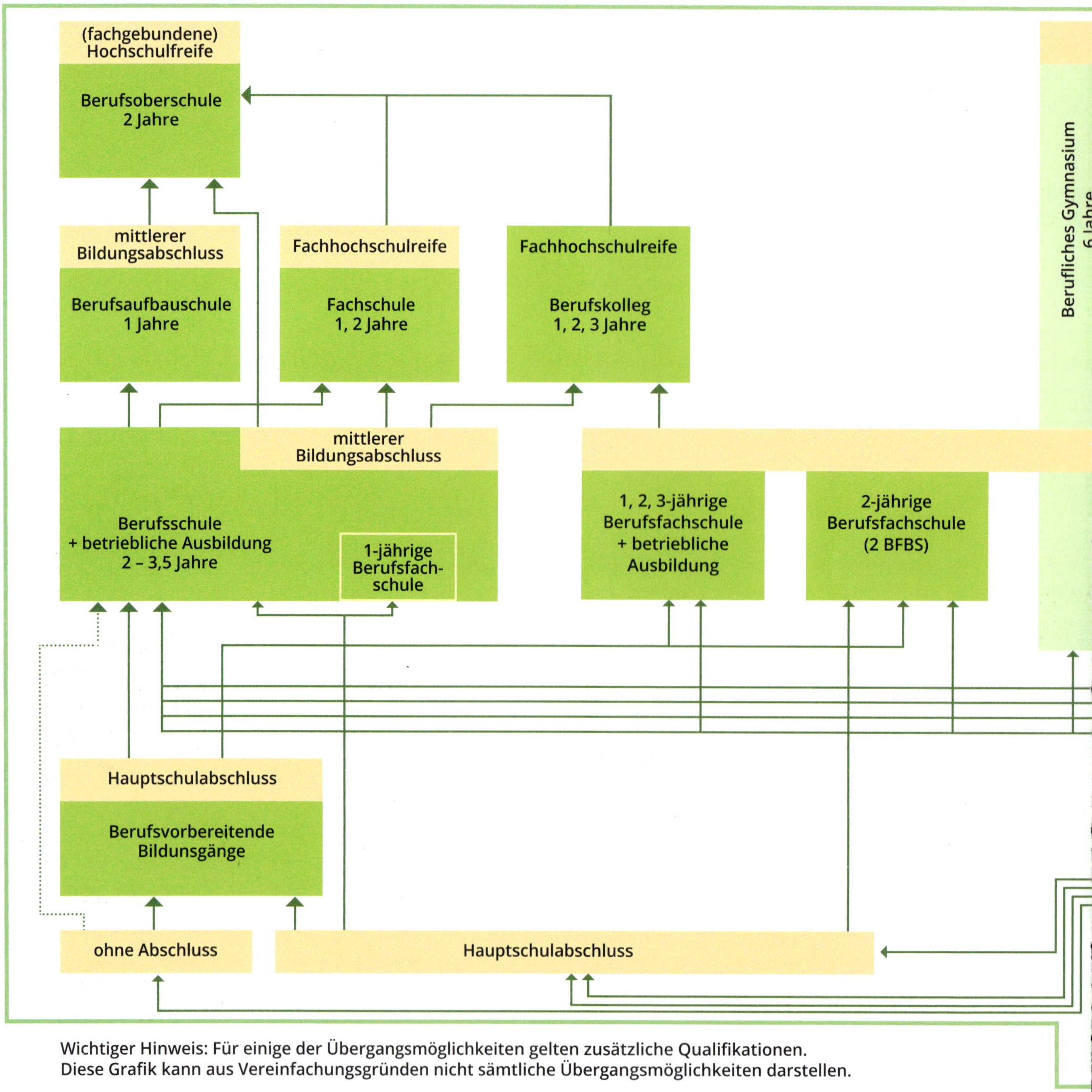

Wichtiger Hinweis: Für einige der Übergangsmöglichkeiten gelten zusätzliche Qualifikationen.
Diese Grafik kann aus Vereinfachungsgründen nicht sämtliche Übergangsmöglichkeiten darstellen.